수행

GABRIEL BUNGE
IRDENE GEFÄSSE
Die Praxis des persönlichen Gebetes nach der Überlieferung der heiligen Väter

© 2017 by Gabriel Bunge
All rights reserved.

Translated by MIN Jeyoung
Korean translation copyright © 2024 by Benedict Press, Waegwan, Korea.
Korean translation rights arranged with Beuroner Kunstverlag, Beuron, Germany.

수행
교부들에게 배우는 기도 생활

2024년 8월 22일 교회 인가
2024년 9월 5일 초판 1쇄

지은이	가브리엘 붕게
옮긴이	민제영
펴낸이	박현동
펴낸곳	성 베네딕도회 왜관수도원 ⓒ 분도출판사
찍은곳	분도인쇄소
등록	1962년 5월 7일 라15호
주소	04606 서울 중구 장충단로 188 분도빌딩 102호(분도출판사 편집부)
	39889 경북 칠곡군 왜관읍 관문로 61(분도인쇄소)
전화	02-2266-3605(분도출판사) · 054-970-2400(분도인쇄소)
팩스	02-2271-3605(분도출판사) · 054-971-0179(분도인쇄소)
홈페이지	www.bundobook.co.kr
ISBN	978-89-419-2415-9 03230

이 책의 한국어판 저작권은 BEURONER KUNSTVERLAG과 독점 계약한 분도출판사에 있습니다.
저작권법에 의해 한국 내에서 보호를 받는 저작물이므로 무단 전재와 무단 복제를 금합니다.

이 책의 본문 종이는 FSC® 인증을 받은 친환경 용지를 사용했습니다.

수행

교부들에게
배우는
기도 생활

가브리엘 붕게 지음
민제영 옮김

분도출판사

교부들의 행적을 그저 감탄하지만 말고,
온 힘을 다하여 똑같은 것을 성취할 수 있도록
그대 자신에게 요구하시오.

폰투스의 에바그리우스

차례

제5판을 내며　9

들어가며_ 주님, 저희에게도 기도하는 법을 가르쳐 주십시오　13

I 묵은 포도주를 마셔 보고서는
   아무도 새 포도주를 원치 않는다　21
   1. 처음부터 있어 온 것　22
   2. 영성과 영성 생활　31
   3. 활동과 관상　39
   4. 시편 낭송 – 기도 – 묵상　48

II 장소와 시간　59
   1. 기도할 때에는 골방에 들어가시오　60
   2. 예루살렘아, 동쪽으로 눈을 돌려 바라보아라　66
   3. 하루에도 일곱 번 당신을 찬양합니다　83
   4. 복되어라, 깨어 있는 사람　91
   5. 그들은 단식하며 기도했습니다　100

III 기도하는 방식　111
　　1. 큰 소리로 부르짖으며 눈물로 기도하고 간구하셨다　112
　　2. 끊임없이 기도하시오　119
　　3. 주님, 저에게 자비를 베푸소서　129
　　4. 들으소서, 주님, 제가 큰 소리로 부르짖습니다　141
　　5. 침묵할 때가 있고 말할 때가 있다　149

IV 기도하는 자세　159

   1. 일어나 기도하시오　161

   2. 저의 손 들어 올리니 저녁 제물로 여겨 주소서　171

   3. 하늘에 좌정하신 분이시여 당신께 저의 눈을 듭니다　179

   4. 그는 무릎을 꿇고 기도드렸다　186

   5. 거룩한 뜰에서 주님께 경배하여라　194

   6. 날마다 제 십자가를 지고 나를 따라야 합니다　203

나오며_ 우리는 이 보화를 질그릇 속에 지니고 있습니다　217

부록 실천적 조언　231

   1. 올바른 장소의 선택과 환경 조성　232

   2. 기도하는 시간　233

   3. 작은 성무일도　234

   4. 기도하는 방법과 자세　238

참고문헌　241

옮긴이 일러두기

1. 교부들은 일반적으로 구약성서의 고대 그리스어 번역본인 칠십인역을 사용했다. 저자도 이를 존중하여 칠십인역을 사용했다. 그러나 우리말 독자들에게는 익숙하지 않기에 이 책에서는 우리말 성경의 장절을 따랐으며, 우리말 성경과 칠십인역의 내용이 다를 경우에만 칠십인역 출처를 표기했다.
2. 이 책의 원제는 『질그릇: 거룩한 교부들의 전통에 따른 개인 기도의 실천』이다. 교부학적 의미에서는 '사막 교부'보다는 '사막 사부'가 더 정확한 표현이다. 옮긴이는 맥락에 따라 '교부'와 '사부' 둘 다 사용했다.
3. 이 책의 저자가 주로 Intellekt로 번역한 그리스어 단어 νοῦς는 맥락에 따라 정신, 마음, 지성 등으로 옮겼다.
4. 작품명은 『교부 문헌 용례집』(수원가톨릭대학교출판부 2014)을, 인·지명은 『교부학 인·명 지명 용례집』(분도출판사 2008)을 따랐다.

제5판을 내며

이 책의 초판은 뷔르츠부르크의 한 출판사(Verlag Der Christliche Osten)에서 1996년 출간되었다.[1] 내가 아는 한, 이 책은 초판이 출간된 이후 10여 개국 언어로 번역되었다. 서방 교회에서뿐 아니라, 특히 정교회 전통의 동방에서 이런 호응을 받으리라고는 전혀 기대하지 않았다. 나는 이를 개인적 성공으로 여기기보다는 이 책에서 언급한 사안들이 다른 사람들의 마음에 공명을 일으켰다는 표지로 받아들인다. 그 후 몇 해가 지나면서 초판을 낸 출판사는 문을 닫았다. 나는 많은 사람들이 찾는 이 책이 보이론 예술출판사(Beuroner Kunstverlag)에서 새로운 편집자를 만나고 본디 목적에 따라서 구도하는 그리스도인들을 위한 안내서로 쓰일 수 있게 된 것을 무척 고맙게 생각한다. 내가 매우 신뢰하는 동료들인 야코부스 카판케 수사와 니콜라 리히터 수녀는 본문을 디지털화하고 검토해서 편집자 클레멘스 바이스와 함께 새로운 형태로 만들어 주었다.

어떤 저자든 어느 정도의 시간이 지나면 자기 생각을 다르게 표현하거나 적어도 더 정확하게 묘사할 필요를 느낀다. 2009년 제4판을 내면서 나는 가능한 한 모든 실수를 삭제하고 특별히 아름다운 구절들을 첨가하기 위해 본문 전체를 철저히 검토할 기회를 가질 수 있었다.

---

[1] 처음에는 책자 형태로 출간되었으나 2009년 4판을 낼 때부터 완전히 개정하고 확장해서 하드커버로 출간되었다.

일부 비평가들은 에바그리우스(†399경)의 영적 가르침에 지면을 지나치게 많이 할애했다고 지적했지만, 여기에는 사실 명확한 이유가 있다. 에바그리우스의 가르침은 작품 전체에 통일성을 부여하는 안내자와 같은 역할을 하기 때문이다. 오리게네스와 테르툴리아누스와 키프리아누스와 같은 초기 교부들의 기도에 대한 저술들은 사실상 '주님의 기도'에 대한 주해들이고, 주님의 기도는 전례에서 회중이 공적으로 낭송하는 기도문이다.

이 주해들은 기도 자체에 대해서 사려 깊은 가르침을 제공하지는 않으며, 전통에 따른 그리스도인의 기도 방법에 대한 특정 지침들조차 주해들의 보충 자료로 첨가되었다. 반면에 교부들의 계승자요 제자인 에바그리우스는 자기 독자들이 이미 이런 자료들과 친숙하다는 것을 상정하고 『기도론』을 남겼다. 『기도론』은 기본적으로 개인 기도의 다양한 양상들을 집중적으로 다루고 있으며, 이는 본서에서 우리가 초점을 맞추는 것이기도 하다.

더욱이 나는 대 바실리우스의 독서자요 나지안주스의 그레고리우스의 부제인 에바그리우스의 산재한 여러 글에 더욱 친숙하며, 그의 글은 다른 어떤 초기 교부들보다도 전문가 집단에서 여전히 널리 신뢰받고 있다. 결국 에바그리우스는 우리에게 너무도 소중한 '처음'과 맺은 자신의 특별한 친연성을 통해 스스로를 추천하고 있다. 영성 생활에서 에바그리우스의 '매우 지혜로운 교사'는 이집트의 대 마카리우스(†390경)였고, 동일한 이름의 알렉산드리아의 마카리우스(†394경)는 에바그리우스가 살았던 수도승 정착지인 켈리아의 사제였다. 대 마카리우스는 '영'과 기적적인 능력을 그에게 전해 준 대 안토니우스(†356)의 직제자였다.

에바그리우스는 유일하면서도 아주 중요한 중재를 통하여 '첫 은수자'와 연결되어 있고, 이 은수자는 작품 일부가 남아 있는 알렉산드리아의 클레멘스(†216 이전)와 오리게네스(†254경) 및 이름만 알려진 교회의 여러 교부들과 연결된 초기 알렉산드리아 전통에 뿌리를 두고 있다. 이러한 몇 가지 이유로 우리는 다른 교부들보다는 에바그리우스에게서 개인 기도의 친밀하고도 숨겨진 양상을 더 많이 발견할 수 있다고 기대한다.

이 책의 목적은 아주 단순하다. 이 책은 교부 전승에 따른 개인 기도의 실천에 대해 철저한 방식으로, 또는 학술적이고 체계적인 방식으로 제시하고자 하지 않는다. 그보다는 오히려 개인 기도에 관한 일종의 실천적 지침서로 쓰이기를 바란다. 초기 교부들과 그들의 가르침을 수시로 언급하는 이유는 가장 오래된 전통에 담긴 '맛'을 독자들에게 전달하기 위함이다. 독자들은 이 맛을 앎으로써, 텍스트의 기원이 비교적 최근의 것이라 하더라도, 어떤 텍스트든 읽을 수 있을 것이다. 참된 것을 지각한 사람이라면, 제시된 글이 참된 것과 부응하는지 그렇지 않은지를 곧바로 식별할 수 있을 것이다.

로버레도 카프리아스카의 성 십자가 은수처에서
가브리엘 붕게

들어가며

주님, 저희에게도 기도하는 법을 가르쳐 주십시오[1]

오늘날 교회에서 우리는 "신앙이 증발하고 있다"는 탄식을 자주 듣는다. 유례없는 '사목적 노력'에도 많은 그리스도인들 사이에서 신앙은 '냉담'[2]해지고 있거나, 일상적으로 표현하자면, '증발'하고 있다. 평신도들 못지않게 성직자들 사이에서도 극심한 신앙의 위기에 대한 말이 나오고 있다. 그럼에도 종종 서부 유럽에서 개탄하는 이런 신앙의 상실은, 역설적으로 보이는 사실과 대조를 이룬다. 이 똑같은 유럽 세계가 동시에 엄청나게 많은 양의 신학적·영성적 작품을 생산하고 있고, 해를 거듭하며 수천 권의 새로운 저작을 보태고 있기 때문이다. 이들 중에는 오직 시장에서 팔기 위해 생산된 일회성 저작물도 많다. 그러

---

1 루카 11,1.
2 참조: 마태 24,12.

나 다양한 고전적 영성 저술들 또한 비판적으로 편집되어 모든 유럽어로 번역되고 있다. 그래서 현대의 독자들도 영성 저술들의 풍요로움을 맛볼 수 있게 되었는데, 이는 고대에는 누구도 꿈꿀 수 없었던 일이다.

이러한 풍요로움은, 앞서 언급한 신앙의 상실이 없었다면, 영성 생활의 유례없는 개화에 대한 표징으로 여길 수도 있었을 것이다. 그러므로 이러한 책의 범람은 오히려, 여전히 목표에 이르지 못한 것으로 보이는 쉼 없는 탐색을 나타내는 표징일 가능성이 농후하다. 물론 많은 사람들이 이러한 저작물들을 읽고 있으며, 교부들의 지혜에 감탄할 수도 있다. 개인적인 삶에서는 아무런 변화도 경험하지 못하면서도 말이다. 어떻든 전통에 담긴 보화를 얻는 비결은 상실되었다. 이와 관련해서 학자들은 현재와 과거 사이에 깊은 틈을 만든 '전통의 파기'에 대해 말한다.

많은 사람들이 이러한 문제 자체를 체계적으로 표현하지는 못하지만, 어떤 중요한 것을 잃어버렸다는 것은 감지하고 있다. 만족스럽지 못한 느낌은 더욱 많은 사람들에게 퍼지고 있다. 사람들은 영적 위기에서 벗어나는 길을 모색하고 있으며 많은 이들이 폭넓은 보편주의(Ökumenismus)를 포용하고 비 그리스도교적 종교들에 마음을 엶으로써 그 길을 발견할 수 있다고 믿는다. 다양한 학파의 '영적 교사들'이 하는 제안은 독자들이 의심하지 못하는 방식으로 자신이 속한 종교의 경계를 넘어서 첫발을 더욱 쉽게 내딛도록 유도한다. '영성적' 문헌에서 '비의적'秘儀的 문헌까지 아우르는 거대한 시장 역시 굶주린 구도자들에게 편의를 제공하고 있다. 많은 사람들이 그리스도교 안에서 찾아보았지만 실패했던 것, 또는 그리스도교에는 결코 있을 것 같지 않은 것을 그 시장에서 찾았다고 생각하기도 한다.

여기에서 이러한 종류의 '보편주의'와 싸우려는 것은 결코 우리가 지향하는 바가 아니다. 우리는 끝에 가서 몇 가지 질문을 할 것이고 교부들이 했음 직한 대답을 간단히 그려 볼 것이다. 이 책은 여러 신앙인들의 영적 탐색에 대한 참된 그리스도교적 응답을 제공하는 데 관심이 있다. 특히, 동방과 서방에 공통된 근원적 전통 및 성서에 뿌리박은 '실천적 길'을 제시할 것이다. 이러한 접근은, 믿음과 실천이 따로따로 분리되는 상황을 피하면서 그리스도인들이 신앙의 내용과 부합하는 방식으로 자신의 신앙을 실천할 수 있도록 도와줄 것이다.

신앙을 생동적으로 살아 있게 하려는 그 모든 노력에도, 왜 더욱 많은 그리스도인들의 신앙은 '증발하고' 있는 것인가? 이 까다로운 문제에 대한 답은 아주 단순하다. 아마도 이 대답이 현재 엄청난 신앙의 위기를 겪는 원인의 전모를 다 포함하지는 않겠지만, 활로를 제시할 수는 있을 것이다. 신앙이 신앙의 본질과 부합하는 방식으로 실천되지 않을 때 신앙은 "증발한다". 여기서 '실천'이란 고대부터 그리스도교 애덕의 명백한 표현으로 여겨져 온 다양한 형태의 '사회적 기여'를 의미하지 않는다. '외부 활동'이 아무리 중요하다 하더라도 그저 외적이라면 그것은 활동주의로 탈출하는 셈이 되고, 내면으로 가는 '내적 활동'과 상응하지 않을 때에는 미묘한 형태의 아케디아[3](권태/나태)가 되고 만다.

---

3 참조: G. Bunge, AKEDIA. Die geistliche Lehre des Evagrios Pontikos vom Überdruss, Würzburg ⁵2004.

탁월한 '내적 활동'은 기도, 곧 성서와 전통에서 말하는 온전한 의미의 기도이다. 우리는 친숙한 격언을 살짝 바꿔서 "당신이 어떻게 기도하는지 알려 주면, 당신이 무엇을 믿고 있는지 알려 주겠다"라고 말할 수 있다. 기도와 기도의 실천 방법을 아울러서 둘러보면, 그리스도인의 삶의 본질이 분명히 드러난다. 신앙인의 기도는 하느님 및 동료 인간과 어떻게 관계를 맺는지 드러내기 때문이다. 조금 과장해서 말하자면, 그리스도인은 오직 기도를 드리면서 참으로 자기 자신이 된다.

그리스도 자신이 이에 대한 가장 훌륭한 증거이다. 그분의 본질, 그분이 '나의 아버지'라고 부르는 하느님과 맺은 유일한 관계는 그분이 기도를 드릴 때 정확히 드러나기 때문이다. 공관복음서는 이를 조심스레 묘사하고 요한복음서는 아주 선명하게 그리고 있지 않은가? 어쨌든 제자들은 이를 이해했고, 그들이 "주님, 기도하는 법을 가르쳐 주십시오" 하고 요청했을 때 예수님은 주님의 기도를 가르쳐 주셨다. 그리스도 신앙을 요약하는 사도신경이 나오기 전이지만, 이 단순한 본문은 그리스도인이 된다는 것의 본질을 기도 양식으로 압축해서 보여 준다. 곧, 하느님과 인간의 새로운 관계가 육화한 하느님 아들의 고유한 인격 안에서 확립되는 것이다. 이는 분명히 우연이 아니다.

성서는 인간이 '하느님의 모상(모습)으로' 창조되었다고 가르친다.[4] 교부들은 이를 아주 심오하게 해석한다. 인간은 '하느님의 모상의 모상으로' 창조되었다(오리게네스). 그래서 절대적 의미에서는 오직 성자만

---

4 창세 1,27.

이 '하느님의 모상'이다.[5] 그러나 인간은 하느님의 '모상과 유사함'을 받을 운명이다.[6] 따라서 인간은 되기 위해서 예정되었으니, 곧 '하느님의 모상으로' 창조된 초기 상태에서 변화하여 성자와 유사하게 되는 종말론적 존재 상태로 넘어갈 수 있다.[7] 인간이 '하느님의 모상으로' 창조되었다는 것은, 원형과 모상의 관계 유비를 따르면, 인간의 가장 심오한 핵심이 하느님과 맺는 관계(아우구스티누스)에 있다는 것을 암시한다. 그러나 이 관계는 도장과 도장 자국의 관계처럼 정적이지 않고, 생동적이고 역동적이며 오직 되어 가는 과정을 통해서만 온전히 실현된다.

이러한 사상이 인간에게 분명히 의미하는 바는, 인간 창조주의 유비를 따르면, 인간이 얼굴을 가지고 있다는 것이다. 절대적 의미에서 인격이시며, 인격적 존재를 창조하실 수 있는 유일한 분이신 하느님께 '얼굴', 곧 그리스도이신 그분의 아들이 있는 것과 마찬가지로, 창조된 인격적 존재인 인간도 '얼굴'을 가지고 있다. 이러한 이유로 교부들은 성서적 표현인 '하느님의 모상'과 '하느님의 얼굴'을 동일시했다.

'얼굴'은, 어떤 사람이 타자와 인격적 관계로 들어설 때 타자에게 향하는 그 사람의 '부분'이다. '얼굴'이 실제로 의미하는 바는 향해 있다는 것이다. 엄밀히 말해서 오직 사람만이 향하거나 돌아설 수 있는 진짜 '상대방'을 가질 수 있다. 사람으로 존재한다는 것은 언제나 점점 더 어떤 사람이 되어 간다는 것을 의미한다. 사람으로 존재하면 언제나 상대와

---

5 2코린 4,4.
6 창세 1,26.
7 1요한 3,2.

'얼굴과 얼굴을 맞댈' 일이 발생한다. 그래서 사도 바오로는 '거울을 통해서 어렴풋이' 보는 하느님에 대한 현재 우리의 간접적이고 단편적인 인식과 '얼굴과 얼굴을 마주 보고' 하느님을 온전히 인식하는 종말론적 축복을 대조하고 있다.[8]

여기에서 인간의 영적 본질에 대해 말한 것은 또한 인간의 육체적 본성의 모습으로 나타난다. 육체의 얼굴에 영적 본질이 반영되는 것이다. 자신의 얼굴을 다른 사람에게 향하는 것이나 의도적으로 그에게서 돌아서는 것은 본질적으로 다른 과정이 아니다. 우리가 일상의 체험을 통해서 알고 있듯이 그런 자세에는 깊은 상징적 의미가 담겨 있다. 실제로 이 자세는 우리가 다른 사람과 인격적 관계를 맺으려고 하는지 아니면 거절하려 하는지를 알려 준다.

지상에서 볼 수 있는 하느님을 향한 존재의 가장 순수한 표현은 기도이다. 피조물은 기도하면서 실제로 창조주를 향한다. 기도하는 사람은 기도를 드리며 "하느님의 얼굴을 찾고"[9] "당신의 얼굴을 비추소서"[10] 하고 청원하는 그런 시간에 자기 창조주를 향한다. 시편의 이 구절들 및 이와 비슷한 구절들은 결코 시적인 은유에 불과한 것이 아니다. 성서의 인간에게 하느님은 추상적이고 비인격적인 원리가 아니라 절대적인 의미에서 인격이기 때문에, 이 구절들에는 성서적 인간의 근본 체험이 표현되어 있다. 하느님은 인간을 향하시고, 인간을 당신께로

8 1코린 13,12.
9 시편 27,8.
10 시편 80,4.

부르시며, 인간도 당신을 향하도록 원하신다. 그리고 인간은 기도라는 가장 순수한 형태로 이를 행한다. 인간은 기도를 드리면서 영혼과 몸으로 "하느님의 현존에 자신을 맡긴다".

이제 이 책의 실제 주제, 곧 기도의 '실천'으로 돌아올 때가 되었다. '주님께 기도하는 법을 배우는 것', 성서의 인간이 하는 기도, 교부들이 신앙 안에서 했던 기도는 어떤 특정 본문을 자기 것으로 삼는다는 의미일 뿐 아니라 기도하는 방법과 형태와 자세 등도 모두 흡수한다는 뜻이다. 그럴 때 기도는 가장 적절한 모습으로 나타난다. 어떻든 이것이 교부들의 의견이었고 그들에게 이러한 기도 방식은 결코 역사적으로 조건 지어진 외부적 사안이 아니었다. 오리게네스가 『기도론』 말미에 요약하듯이, 교부들은 오히려 기도하는 방법이나 형태와 자세 등에 온전히 집중했다.

> [지금까지 술회한 바에 따라서] 기도라는 주제를 철저하게 제시하기 위해, 안내한다는 견지에서, 기도하는 사람이 반드시 지녀야 하는 [내면의] 상태와 [외적] 자세, 여기에 더하여 모든 상황에서 향해야 하는 방향, 기도하기 위해 배정해야 하는 적절한 시간, 그리고 다른 유사한 사항들을 깊이 살펴보는 일은 부적절하지 않다고 생각한다.[11]

그런 다음 오리게네스는 이러한 사안들이 실제로 전혀 부적절하지 않

---

11 오리게네스 『기도론』 31,1.

을 뿐 아니라, 성서 자체가 우리에게 제시하고 있다는 것을 보여 주기 위해서 곧바로 성서를 인용한다. 우리도 역시 이러한 지침을 따르고자 한다. 이와 관련해 우리는 우리의 주제를 신중하게 개인 기도에 제한할 것이다. 개인 기도는 영성 생활뿐 아니라 공동 전례 기도를 위해서도 확실한 토대가 되기 때문이다. 성서를 올바르게 이해하길 원한다면 결코 맥락을 무시하지 말아야 한다는 것을 교부들은 누구보다도 잘 알고 있었다. 그리스도인에게 이 맥락은 교회이며, 사도들과 교부들의 전통은 교회의 삶과 신앙을 증언한다. 특히 서방 교회를 주기적으로 괴롭히는 전통 단절의 결과, 오늘날 많은 사람이 실제로 이 보화(사도들과 교부들의 전통)에 접근하기는 어렵게 되었다. 이러한 사정은, 귀중한 교부 문헌 판본과 번역본이 전례 없이 풍부한 지금도 마찬가지다. 이 책의 목적은 우리 시대 그리스도인의 손에 이 보화에 접근할 수 있는 열쇠를 쥐여 주는 것이다.

같은 열쇠인 '실천'은 또한 교회의 전례와 예술 등 다른 보고들의 문을 열어 줄 것이며, 마지막으로 신학의 문도 열어 줄 것이다. 신학이라는 단어의 본디 의미는 '하느님에 대해 말하기'로서 학문적 연구에 기반을 둔 게 아니라, 가장 친밀한 친근함의 열매이다.

> 주님의 가슴은 하느님에 대한 앎이니,
> 그곳에서 쉬는 이는 누구든 신학자일지라.[12]

---

12 에바그리우스 『수도승을 위한 금언집』 120.

I

묵은 포도주를 마셔 보고서는
아무도 새 포도주를 원치 않는다[1]

'기도'라는 주제에 대해 역사학적이고 교부학적인 연구서를 쓰는 게 우리의 목적은 아니지만, 우리는 앞으로 계속해서 초기 동·서방 교회의 '거룩한 교부들'에 대해 언급할 것이다. 새로움을 가치의 기준으로 여기길 좋아하는 시대에 '처음부터 있어 온 것'을 끊임없이 언급하려면 왜 그런지 약간의 설명이 필요할 것이다. 그러나 21세기가 시작되는 지금, 최신의 것을 독자들에게 제공하는 일은 전혀 우리의 목적이 아니다. 대신에 기도와 관련해 "처음부터 목격하고 말씀의 시종이 된 사람들이 우리에게 전해 준"[2] 것을 제시해 주고자 한다.

---

1 루카 5,39.
2 참조: 루카 1,2.

왜 이토록 '전통'을 깊이 존중하고 이처럼 독특한 의미가 '처음'에게 부여되는가? 이 구절을 쓴 이는 왜 자기 자신의 체험을 말하기보다 항상 '거룩한 교부들'을 앞세우는 것인가? 그러므로 우선 이 페이지들이 어떤 '정신'으로 쓰였고, 어떻게 읽는 게 좋으며, 또 기도를 올바르게 이해할 수 있는 유일한 틀을 제공하는 기도의 더 넓은 맥락을 밝히는 게 독자들에게 도움이 될 수 있겠다.

1. 처음부터 있어 온 것[3]

거룩한 교부들의 말씀에 지속적으로 의지하는 것은 사도 시대의 가장 오래된 증언, 곧 성서에서 '전통'(παράδοσις)이라 부르는 것의 본질과 의미에 기초를 둔다. 이 용어에는 몇 가지 의미가 담겨 있으며 따라서 '전통들'을 향한 그리스도인들의 태도는 양가적이다. 계시된 진리의 영역에서 '전통'의 가치는 기본적으로 전통의 '기원'(ἀρχή) 및 이 기원과 맺는 관계에 달려 있다.

모세 율법이 인정한 이혼 사례처럼 하느님을 언급함으로써 어느 정도 정당성을 주장할 수 있다고 하더라도 하느님으로부터 '기원'하지 않은 그저 인간적인 전통들이 있다. 그러나 하느님은 본디 남자와 여자를 분리될 수 없는 하나로 결합하셨기 때문에[4] "처음부터 그렇게 되었던 것

---

3   참조: 1요한 1,1.
4   창세 2, 24.

은 아니다".[5] 그리스도는 이러한 '인간적 전통들'이 구속력이 없다고 선언하신다. 그런 전통들은 인간을 참된 하느님의 뜻에서 멀어지도록 하기 때문이다.[6] 주님은 "당신을 보내신 분의 뜻을 행하기 위해",[7] 곧 죄와 타락 및 그것들이 일으킨 모든 결과 때문에 모호해진 '처음부터 있었던' 아버지의 참된 뜻을 이루기 위해 오셨다. 사실 이러한 '조상들의 전통'에 매이지 않는 것이 그리스도의 제자의 두드러진 특징이다.

'처음부터 있었던 것'에 대한 전통, 곧 그리스도께서 당신 제자들에게 준 이래 "우리가 처음부터 가지고 있던 옛 계명"[8]에 대한 전통은 완전히 다른 사안이다. 이 계명은 "처음부터 목격하고 말씀의 시종이 된 사람들이 우리에게 전해 준"[9] 것, 곧 요한의 세례[10]와 그 이후 예수님이 그리스도로 현시되는 '복음의 시작'[11]부터 '그분과 함께 지냈던'[12] 사도들이 전해 준 것이다.

이것은 '우리가 배운 전통'이며, 만일 우리가 '처음' 자체와 연결을 잃지 않으려면 '굳건히 지켜야'[13] 하는 전통이다. 그러므로 '하늘의 천사'[14]가 가져온 것이라 할지라도 처음부터 우리에게 선포된 복음 이외

---

5 마태 19,8.
6 마태 15,1-20.
7 요한 4,34.
8 참조: 1요한 2,7.
9 루카 1,2.
10 사도 1,21.
11 마르 1,1.
12 요한 15,27.
13 2테살 2,15; 참조: 1코린 11,2.
14 갈라 1,6 이하.

에는 '다른 복음'이 있을 수 없으니, 어떤 경우든 그것은 '그리스도의 복음'이 아니기 때문이다.

참된 전통의 핵심과 의미는 친교를 나누고 유지하는 것, '처음부터 목격하고 말씀의 시종이 된 사람들'과 친교를 나누고 그들을 통하여 그들이 증언하는 분과도 친교를 나누는 것을 의미한다.

> 그 말씀은 처음부터 계셨으며, 우리가 듣고 우리 눈으로 보고 살펴보고 또 우리 손으로 만졌던 것입니다. 과연 생명이 나타나셨습니다. 우리는 영원한 생명을 보았으니 증언하며 여러분에게 알려 드립니다. 그 생명은 아버지와 함께 계셨으며 이제 우리에게 나타나신 것입니다. 우리가 보고 들은 그 생명의 말씀을 여러분에게도 알려 드립니다. 그것은 여러분도 우리와 친교를 맺게 하려는 것이니, 우리와의 친교는 곧 아버지와 그분의 아들 예수 그리스도와의 친교입니다.[15]

믿는 이들이 서로, 그리고 하느님과 함께 나누는 '친교'(κοινωνία)는 성서가 '교회'요 '그리스도의 몸'이라고 부르는 것이다. 교회는 이 몸의 모든 구성원들, 곧 산 이와 '주님 안에 죽은' 이들을 모두 포용한다. 구성원들은 서로, 그리고 몸에 너무도 가깝게 연결되어 있어서 "모두가 하느님으로 말미암아 살기 때문에" 죽은 이들은 "죽은 구성원들"이 아니다.[16]

15 1요한 1,1-3.
16 루카 20,38.

그러므로 '하느님과 친교'를 맺고자 하는 이는 친교를 맺어 온 자기 앞의 동료들을 결코 무시할 수 없다. 그들의 '선포'에 신앙으로 응답하면서 다음 세대는 "목격 증인과 말씀의 시종이 된 사람들"이 처음부터 그리고 영원히 살아 있는 지체로 남아 있는 바로 그 친교로 들어선다. 그러므로 주님께서 사도들 위에 세우신 교회, 그 사도들과 살아 있는 친교를 나누는 중단되지 않는 이 교회만이 참된 '그리스도의 교회'이다.[17]

여기에서 '그대에게 맡겨진 귀한 것'[18]을 간직하는 것에 관한 언급, 곧 가장 초기의 말씀의 증언들에 기록된 사도적 전통은 또한 '본디의, 글로 쓰이지 않은 전통'[19]에도 유사한 방식으로 적용할 수 있다. 글로 쓰이지 않은 전통은 비록 사도적 증언을 명시적으로 담고 있지 않지만 여전히 사도적 기원에 비견할 만하다. 대 바실리우스(†379)는 기록되어 있든 그렇지 않든 "신심과 관련해 이 둘 모두 똑같은 힘을 지니고 있다"[20]라고 확언한다.

처음에 우리에게 맡겨진 자산이 두 사도적 전통 안에서 꼴 지어졌기 때문에 이 두 형태의 전통에는 우리가 '기원의 은총'이라고 할 만한 것을 보유하고 있다. 우리는 이 '기록되지 않은 전통'이 어떻게 구성되어 있는지 상세히 살펴볼 것이다. 여기에서 우리는 우선 교부들 스스로 '기원'과 관련해 자신의 신앙을 어떻게 이해했는지 묻고자 한다.

---

17 에페 2,20.
18 2티모 1,14.
19 에바그리우스 『악한 생각』 33,28.
20 대 바실리우스 『성령론』 27,66,4.

대 바실리우스가 교회 전통에 대해 보여 주는 태도는, 수도승 생활의 영적 전통과 관련해 그의 제자 폰투스의 에바그리우스에게서도 발견된다. 수도승 에울로기우스에게 보낸 논고에서 에바그리우스는 영성 생활에 대한 몇 가지 질문을 설명하고자 한다.

우리가 의롭게 행한 일들 때문이 아니라,[21] 교부들에게서 들은 '건전한 말씀의 본보기'[22]가 우리에게 있기 때문에, 그리고 우리가 그분들의 일부 행적을 증언했기 때문에 이것을 이루었습니다.

그러나 모든 것은 위에서 온 은총입니다. 은총은 심지어 죄인들에게도 유혹자의 음모를 알려 주고, 우리의 안전을 위해서 "그대가 가지고 있는 것으로서 받지 않은 것이 무엇인가?"[23]라고 말합니다. 이는 우리가 받음으로써 주시는 분께 감사를 드릴 수 있게 하기 위함이며, 우리 자신에게 찬사와 영예를 부여함으로써 선물을 부정하지 않도록 하기 위함입니다. 그래서 은총은 말씀하십니다. "만일 그대가 받았다면 왜 마치 받지 않은 듯 그것을 자랑하는가? 너희는 이미 부자가 되었다." 너희는 일을 하지 않아도 되고, 가르치기 시작한 "너희는 이미 충만하다."[24]

그러므로 자신을 '선생'으로 내세우지 않는 첫 이유는 우리 모두가 받

---

21 티토 3,5.
22 2티모 1,13.
23 1코린 4,7-8.
24 에바그리우스 『덕행과 상반된 악습』 서문.

은 사람들이라는 기본적인 사실을 겸손하게 인정하기 때문이다. 여기에서 에바그리우스가 언급하는 '교부들' 중에는 그의 스승인 대 마카리우스와 같은 이름의 알렉산드리아의 마카리우스도 있다. 에바그리우스는 이들을 통해서 '은수자들 중 첫째'인 대 안토니우스와 연결되고 그렇게 해서 수도승 생활의 기원과도 연결된다. 에바그리우스는 다른 곳에서 이를 더욱 분명하게 밝히고 있다.

> 올바른 방식으로 우리보다 앞서간 수도승들의 길에 대해 묻고, 그들의 안내를 받는 일도 필요하다. 그들이 말하거나 행한 아름다운 것을 많이 발견할 수 있기 때문이다.[25]

교부들의 '건전한 말씀의 본보기'와 '아름다운 행적'은 이렇게 하나의 '모범'(그리스어 ὑποτύπωσις는 본보기나 형식으로도 옮길 수 있다), 곧 우리가 따라야 하는 모범이 된다. '교부들의 말씀과 행적'이 아주 일찍부터 수집되었을 뿐 아니라 계속해서 인용된 이유가 바로 여기에 있다. 서방의 수도승 사부 누르시아의 베네딕도도 마찬가지로 자신의 '규칙'에만 머물지 않고 교부들을 중요하게 고려했다. 베네딕도는 완덕을 추구하는 모든 이들이 지켜야 하는 지침이 바로 거룩한 교부들의 가르침이라고 명시한다.[26]

그러므로 그리스도인이 거룩한 교부들을 공부할 때에는 학문적 교부학 연구에 그쳐서는 결코 안 된다. 학문적 연구가 공부하는 사람의 삶

---

25 에바그리우스 『프락티코스』 91.
26 성 베네딕도 『수도 규칙』 73,2.

에 반드시 영향을 끼치는 것은 아니기 때문이다. 거룩한 교부들의 본보기, 그들의 말씀과 행적은 오히려 그들을 모방하라고 강하게 요구하는 하나의 모범이다. 에바그리우스는 이러한 진술이 정당하다는 것을 적극적으로 옹호한다.

> 그것은 "나는 길이요 진리요 생명입니다"[27]라고 말씀하신 분의 길을 따라서 걷고자 하는 이들에게 적합합니다. 그들은 이전에 그 길을 걸었던 사람들에게서 배웁니다. 그리고 유익한 것에 대해 그들과 대화하며 무엇이 도움이 되는지 그들에게서 배웁니다. 이는 우리의 길에 이질적인 어떤 것도 도입하지 않게 하기 위해서입니다.[28]

거룩한 교부들의 모범으로 안내받지 않고 자신의 길을 가고자 한다면, '우리의 길에 이질적인 어떤 것을 도입할' 위험이 있다. 이런 것들은 올곧은 방식으로 우리보다 앞서갔던 '형제들'이 '시험'을 해 본 것이 아니고 좋다고 인정한 것도 아니기 때문에[29] "수도승 생활에 완전히 이질적인"[30] 것들이다. 누구든 이렇게 교부들의 '길'에서 빗나간 사람은 스스로 "우리 구원자의 길에서 이방인"[31]이 될 위험이 있고 따라서 '길'이신 주님으로부터 훨씬 멀어질 위험이 있다.

'모든 것 중에서 최선이라고 형제들이 증명한 것'에 대한 언급은, 어떤

27　요한 14,6.
28　에바그리우스 『편지 62통』 17,1.
29　에바그리우스 『악한 생각』 35,13-14.
30　에바그리우스 『안티레티코스』 1,27.
31　에바그리우스 『악한 생각』 13,3-4.14.

교부의 행적이 아무리 '아름답게' 보이거나 그 교부가 대 안토니우스와 같은 인물이라고 하더라도, 결코 그 교부가 행한 것이라면 무엇이든 모든 것을 모방해야 한다는 뜻이 아니다. 누구든 악마의 웃음거리가 되길 원하지 않는 한, 대 안토니우스의 극단적 형태의 은수 생활을 곧바로 모방하지 말아야 한다.[32] 교부들은 '개인적 은사'와 '전통'을 분명하게 구별할 줄 알고 있었다.

그렇다면 교부들에게 '전통'을 보존하는 의미와 목적은 '처음부터 목격하고 말씀의 시종이 된 사람들'도 그랬듯이, 전해 받은 것에 무조건 생각 없이 집착하는 게 아니라, 살아 있는 친교를 보존하는 것이다. 아버지와 친교를 맺길 원하는 사람은 누구든 오직 아들의 '길'을 통해서만 그 친교를 맺을 수 있다. 그러나 우리는 오직 '우리보다 앞서 그 길을 걸었고' 그래서 '길'의 살아 있는 지체가 된 이들을 통해서만 아들에게 이를 수 있다. 이들은 우선 직접 '말씀을 목격한 증인인' 사도들이다. 요한은 "여러분이 우리와 친교를 맺게 하려고"라며 매우 분명하게 기록하고 있으며, 에바그리우스는 수행의 '길'이라고 적절히 부르고 있다. 이 길은 그가 교부들에게서 전해 받은 '사도적 길'이다.[33] 결국 신앙 안에서 "올곧은 방식으로 우리보다 앞서간" 모든 교부들이 '길'이다. 오직 그들의 '발자국'을 따르는 이들만이 그들이 갔던 이 길의 목적지에 닿을 수 있으리라는 희망을 가질 수 있다.[34]

---

32 같은 책 35,24-30.
33 에바그리우스『편지 62통』25,3.
34 에바그리우스『프라티코스』머리말 9.

그러므로 정의하기도 쉽지 않은 '교부들의 정신'을 언급하는 것으로는 충분하지 않고, 또 현재의 상황은 모두 그대로 유지하면서 기회가 있을 때마다 "교부들의 행적을 그저 감탄하는" 것도 마찬가지다. 만일 교부들과 친교를 맺길 원한다면 "온 힘을 기울여"[35] 이 행적을 완성하기 위해 노력해야 한다.

에바그리우스가 '의로운 안토니우스'[36]에게 부여하는 '은수자들 중 첫째'[37]라는 호칭은 오직 이러한 견지에서만 온전한 의미를 지닌다. 대 안토니우스는 물론 시기적으로 첫 은수자이나 또한 '첫 열매'가 아니라면 아무런 의미가 없을 것이다. 거룩한 '첫 열매'는 "반죽 온 덩어리를 거룩하게 한다". 이는 뿌리와 가지가 친교를 유지하는 한 "거룩한 뿌리가 가지들을 거룩하게" 하는 것과 같다.[38] 이 '처음'은 주님께서 스스로 결정하셨기 때문에 '기원의 은총' 또는 '원리의 은총'으로 알려진 특별한 은총을 지닌다. 이 은총은 단지 일시적으로 처음에 있는 것이 아니라, '처음'(첫 열매)과 살아 있는 친교를 유지하는 모든 것(사람)에게 (그들의 영적 수행이) 참되다는 것을 보증한다.

시간과 공간에 얽매인 우리는 '처음부터 계셨던 분'과 살아 있는 친교를 맺음으로써 이러한 한계에서 자유로운 분, "어제와 오늘, 그리고 영원히 같은 분"의 신비 안으로 들어간다.[39] 곧, 절대적 의미에서 '처음

35　에바그리우스『에울로기우스에게 보낸 논고』15.
36　에바그리우스『프락티코스』92.
37　에바그리우스『악한 생각』35,27.
38　로마 11,16.
39　히브 13,8.

에'⁴⁰ 계셨던 분이신 성자의 신비 속으로 들어가는 것이다. 이러한 친교는 시간과 공간을 넘어서, 끊임없는 변화에 종속된 세상 한가운데서 연속성과 정체성을 창조한다.

이렇게 자신의 핵심적 정체성이나 온전함을 간직하는 일은 개별 신앙인이나 전체 교회가 자신의 힘으로 성취할 수 있는 게 아니다. "우리에게 맡겨진 그 귀한 것을 간직하는" 일은 항상 "우리 안에 머물러 계시는 성령",⁴¹ "성자를 증언하는"⁴² 성령의 열매이다. 그분은 또한 우리를 "모든 진리 안에 인도하실"⁴³ 뿐 아니라, 여러 시대를 거치며 제자들의 증언 속에서 스승 자신의 증언을 인식할 수 있도록 한다.⁴⁴

주님의 계명을 지키는 수도승은 복되며,
자기 사부들의 말씀을 지키는 사람은 거룩합니다.⁴⁵

2. 영성과 영성 생활

기도란 우리가 일반적으로 '영성'이라는 용어로 묘사하는 영역에 속한다. 사실 기도는 '영성 생활'(vita spiritualis)을 가장 품위 있게 나타낸 표현

---

40 요한 1,1.
41 2티모 1,14.
42 요한 15,26.
43 요한 16,13.
44 참조: 루카 10,16.
45 에바그리우스『수도승을 위한 금언집』92.

이다. 그러므로 '영성적'이라는 말이 실제로 무엇을 의미하는지 탐색하는 일은 가치가 있다.

영(spiritus)에서 유래한 '영성'은 오늘날 일반적으로 '영혼', '내적 생활', '영적 본성' 등과 관련이 있으며 물질적이거나 육체적인 영역과는 구별되는 것으로 이해된다. 신학 언어에서 '영성'은 종종 '신심'이나 종교적 헌신과 동일시된다. 그래서 우리는 다양한 신심 형태나 개별 수도회의 '신비주의'와 관련해 다양한 '영성들'에 대해서 말할 수 있다. 최근에는 '평신도 영성'을 말하기도 한다. 영성이라는 용어는 광범위하고 다소 모호해서 다양한 '영성들'에 대한 논의는 그리스도교 외의 주요 세계 종교들까지 확장되었다.

'영성'이란 개념은 너무 모호하게 정의되었고, 이는 그리스도인들이 '영성 생활'을 이해하는 데 매우 부정적인 영향을 미쳤다. 그 결과 실제로는 전혀 다른 영역에 속하는 많은 것들이 '영적'인 얼굴을 하고 나타나고 있다. 우리가 성서와, 특히 교부들에게 눈을 돌려 보면 이 사실은 분명히 드러난다. 우리가 관심을 기울이는 맥락에서 '영적'(πνευματικός)이라는 형용사는 명확하게 성령의 위격을 지칭하기 때문이다.

구약에서 처음에 하느님의 비인격적 '힘'으로 이해된 '성령'은 신약에서는 '다른 협조자'로 계시된다. 아버지와 함께 계신[46] 우리의 참된 협조자(중재자)이신 성자는 아버지에 의해 영광스럽게 되신 후 다른 협조

---

46   1요한 2,1.

자를 당신 제자들에게 보내셨는데[47] 이는 당신이 아버지께 돌아가신 후 "영원히 그들과 함께하고"[48] 그들에게 "모든 것을 가르치시고"[49] 그들을 "모든 진리 안으로" 인도하시기 위함이다.[50]

이 다른 협조자는, 오순절 때 제자들이 그분을 영접한 이후, 당신의 독자적인 뜻과 활동을 통해 한 '위격'으로 분명히 당신을 현시하신다. 이제 그분은 성서 저자들에게만 '영감'을 주신 게 아니라, 그들의 입을 통해 직접 말씀하신다는 것이 분명해진다.[51] 그분의 증언은 사도들의 증언과 마찬가지로 독자적인 위상을 갖게 되며,[52] 이방인 선교를 지지하는 획기적인 결정을 내릴 때 사도들은 "사실 성령과 우리는 … 여러분에게 어떤 짐도 더 이상 지우지 않기로 뜻을 모았습니다"[53]라고 한다.

성령을 받은 모든 이는 성령 덕에 '성령의 가르침을 받은' '영적 인간' ($\pi\nu\epsilon\upsilon\mu\alpha\tau\iota\kappa\acute{o}\varsigma$)이 되고 '영적으로'($\pi\nu\epsilon\upsilon\mu\alpha\tau\iota\kappa\tilde{\omega}\varsigma$) '영적인 것'($\tau\grave{\alpha}\ \pi\nu\epsilon\upsilon\mu\alpha\tau\iota\kappa\acute{\alpha}$)을 판단하고 식별할 수 있다. 영적 인간은 물론 '하느님의 영에 속한 것'을 받지 못하고 이해하지도 못하는 감각적이고 '자연적인 인간'($\psi\upsilon\chi\iota\kappa\acute{o}\varsigma$)과 대조된다. 자연적 인간은 하느님의 영으로부터 오는 것을 받아들이지 못하기에 '하느님의 지혜'를 '어리석음'으로 여기기 때문이다.[54]

47 요한 15,26; 20,22.
48 요한 14,16.
49 요한 14,26.
50 요한 16,13.
51 사도 1,16; 4,25.
52 사도 5,32.
53 사도 15,28.
54 1코린 2,6-16.

그래서 바오로에게 '영적'이라는 말은 항상 '영을 부여받은', 곧 '성령의 영감을 받거나 성령이 초래한'이라는 뜻을 지니며, 결코 장식용 어휘에 불과한 표현이 아니다. 뒤에서 더 살펴보겠지만, 거룩한 교부들은 '영적'(pneumatisch)과 '자연적'(psychisch)을 구분한 바오로를 따라서 이를 '영성 생활'에 적용했다. 여기서는 영성 생활의 위대한 스승 한 사람을 살피는 것으로 충분할 것이다.

원칙적으로 세례 받은 그리스도인은 성령 외에 다른 스승을 필요로 하지 않는다. '거룩하신 분'으로부터 받은 성령의 '기름부음'이 그 안에 머물러 있는 것으로 충분하다.[55] 그리스도께서 약속하셨듯이, 기름부음이 그에게 모든 일에 관해서 가르쳐 주시고[56] 모든 진리로 그를 인도하기 때문이다. 그러나 그보다 앞서 기름부음을 받았던 이들, 곧 그리스도의 증인들의 안수를 통해 '기름부음'을 받은 그는 자기 신앙을 또한 그들에게 빚지고 있다. 그가 그리스도와 친교를 맺고 그분을 통해 아버지와 친교를 맺기 위해서는, 이 증인들과 친교를 맺어야 하고[57] 그들이 전해 준 '처음' 가르침을 고수해야 한다.[58]

이러한 사도 전통에 충실한 에바그리우스는 항상 단어를 섬세하게 선택한다. 그가 '영적'이라는 말을 쓸 때 보통 그것은 마치 하나의 규칙처럼, '영이 초래한' 또는 '영의 감화를 받은'을 의미한다. 그래서 예컨대

---

55 1요한 2,20.
56 1요한 2,27.
57 1요한 1,3.
58 1요한 2,7.24.

'영적 관상'⁵⁹은 사물에 대한 '영적 지성'을 갖는 것을 목적으로 삼기에 '영적'이라고 불리는 것이다.⁶⁰ 왜냐하면 성령이야말로 거룩한 신비의 계시자이시기 때문이다.⁶¹

이와 비슷하게, 특히 '사랑'⁶²을 포함한 덕(Tugend)들⁶³도 세례 받은 영혼 안에서 일하시는 '성령의 열매'⁶⁴이므로 '영적'이라고 불린다. 영적 교사는 '영적 아버지'로서 아주 특별한 '성령의 은사'⁶⁵를 받았고, 그래서 바오로가 의미한 '영적 인간'이기 때문에 '영적 교사'⁶⁶라고 불리는 것이다. '복된 에바그리우스'의 제자 팔라디우스의 증언에 따르면, '지식과 지혜와 영을 식별하는 은사'를 받은 에바그리우스는 '영을 소유한 사람'(πνευματοφόρος)이다.⁶⁷

"제 영혼이 당신께 매달리면 당신 오른손이 저를 붙들어 주십니다": "주님과 결합하는 사람은 그분과 한 영이 된다."⁶⁸ 그러나 다윗은 '주님께 매달린' 결과 (그분과) 한 영이 되었다. 그는 '영을 받은' 사람이지만 영이라 불리니, 이는 마치 뽐내지 않는 사랑이 사랑을 지닌 이

---

59 에바그리우스 『악한 생각』 40,7.
60 같은 책 8,5.
61 에바그리우스 『시편 발췌 주해』 118,131,59.
62 에바그리우스 『기도론』 77.
63 같은 책 132.
64 갈라 5,22 이하; 참조: 에바그리우스 『시편 발췌 주해』 51,10,4.
65 에바그리우스 『편지 62통』 52,7.
66 에바그리우스 『기도론』 139.
67 팔라디우스 『라우수스에게 바친 수도승 이야기』 11 (Butler 34,11).
68 1코린 6,17.

를 특징짓는 것과 같다.[69]

이런 의미에서 '영성 생활'의 정수인 기도도 종종 '영적'(πνευματική)이라고 불린다.[70] 기도는 "영과 진리 안에서 아버지께 드리는 예배"[71]이기 때문이다. "하느님의 성령과 그분의 외아들 안에서"[72] 드리는 기도가 종종 '참된 기도'라고 불리는 이유도 여기에 있다.[73] 아버지께서 주시는 이 선물을 위해 성령께서 길을 준비하신다.[74] '영적 기도'의 참된 교사이신 성령께서 '무지한' 우리를 '방문'해 주시지 않으면,[75] 우리는 어떻게 기도를 드려야 하는지조차 알 수 없을 것이기 때문이다.[76]

"우리의 연약함을 떠받쳐 주시는"[77] 성령은 우리가 비록 순수하지 못하더라도 우리를 방문하신다. 그리고 진리를 사랑하고 기도드리는 마음을 보실 때 그분은 마음에 빛을 비추시고 마음을 포위한 생각과 환상 덩어리를 파괴하신다. 그리고 영적 기도를 열렬히 열망하도록 마음을 촉구하신다.[78]

---

69 에바그리우스 『시편 발췌 주해』 62,9,3.
70 에바그리우스 『기도론』 28. 50. 63. 72. 101.
71 요한 4,23.
72 에바그리우스 『기도론』 59.
73 같은 책 41. 65. 76. 113; 참조: G. Bunge, Geistgebet, Kapitel VI: "In Geist und Wahrheit".
74 에바그리우스 『기도론』 59.
75 같은 책 70.
76 참조: 로마 8,26.
77 로마 8,26.
78 에바그리우스 『기도론』 63.

'영성 생활'의 정점에서 성령은 그 이후 발생하는 것, '신비적' 사건(체험)이라고 묘사할 수 있는 것을 결정한다. 한 시리아 교부는 이와 관련해 적절하게 '영성화'(Geisthaftigkeit)의 단계를 말할 수 있었다. '영성화'라는 용어의 의미가 상실되지 않았다면, 이는 '영성'(Spiritualität)의 단계라고도 할 수 있다.

> 관상적 비전을 받기 위해 영성화의 장소에 있는 지성은, 화살을 맞이하는 과녁과도 같습니다. 어떤 화살을 받을지를 과녁이 결정하지 않고 과녁을 향해 화살을 쏘는 궁수가 결정하는 것과 마찬가지로, 지성이 영성화의 장소에 들어섰을 때 관상의 대상을 결정하는 것은 지성이 아니라 지성을 인도하는 영입니다. 사실 지성은 영성화의 장소에 들어서는 순간 더 이상 자신을 통제하지 못합니다. 지성은 무엇이든 자신에게 제시되는 것만을 관상할 수 있을 뿐이며, 그러고 나서 또 다른 비전을 받으면 첫 번째 관상을 떠나 거기에서 시선을 거둡니다.[79]

우리가 '영성'에 대해서 많은 말을 할 수 있고 '영적'이라는 표현을 얼마나 좋아하든 간에, 종종 탄식해 왔듯이, 서방의 '영성'에서 성령의 위격은 위대한 부재자이다. 그 결과 우리는 바로 '성령의 은사'가 결핍된 '자연적 인간'의 영역에 속하는 많은 것을 '영적'인 것으로 여긴다. 우리가 여기에서 의미하는 '감정'과 '감각'의 범위 안에 있는 모든 것은 완전히 비이성적 본성에 속하며 어떤 의미에서건 '영적'이 아니고 성

---

[79] 요셉 하자야 『세 단계에 관한 편지』 S. 190.

령으로 말미암은 것이 아니다.

에바그리우스가 '지혜로운 스승' 나지안주스의 그레고리우스에게 배웠던 것처럼 '이성적 영혼은 세 부분으로'[80] 나뉜다. 곧, 로고스를 부여받은 '이성적 부분'(λογιστικόν μέρος)과 '비이성적 부분'(ἄλογον μέρος)이 있는데,[81] 후자는 '욕망'(ἐπιθυμητικόν)과 '공격적 감정'(θυμιχόν)이라는 두 '기능'으로 구성되어 있다.[82] 이 욕망과 감정은 욕망에 굶주리고 화를 잘 내는 영혼의 욕구로써 이 둘을 합쳐 '정념적 부분'(παθητικόν μέρος)이라고도 한다.[83] 동물들도 공유하는[84] 이 두 '힘'을 통해서 우리는 감각 세계와 교류하며, '비이성적' 정념(정욕, 욕정)은 이 길을 이용해 영혼에 침투해서 '이성적 부분'을 혼란스럽게 하고 눈멀게 한다.[85]

기도는 전적으로 영혼의 '이성적 부분'에 속한다. 실제로 기도는 "지성을 가장 탁월하고 참되게 사용"하는 것이다![86] 기도는 느낌에 대한 사안이 아니며, 현대적 의미에서 순수한 '지성적 활동'이라고는 할 수 없는 '감상' 중 하나도 분명히 아니다. '지성'(νοῦς)은 '이해'와 동일한 것이 아니라, '존재의 핵심'이나 '인격' 또는 성서적 표현인 '내적 인간'으로 제시될 수 있기 때문이다.[87] 앞으로 보겠지만 더욱이 에바그리우스는

80　에바그리우스『프락티코스』89.
81　같은 책 66. 89.
82　같은 책 49.
83　에바그리우스『시편 발췌 주해』25,2,1.
84　에바그리우스『성찰』40,2;『시편 발췌 주해』57,5,2.
85　에바그리우스『프락티코스』34, 37. 38.
86　에바그리우스『기도론』84.
87　참조: Gabriel Bunge, "Nach dem Intellekt leben", in Simandron – Der Wachklopfer,

'깊은 기도 감정'[88]에 아주 익숙한 사람이었다.

지금 당장은, 성령의 위격이 초래한 참으로 '영적'인 것과 우리의 비이성적 바람과 욕망인 '자연적 인간'의 영역에 속하는 모든 것을 교부들과 함께 섬세하게 구분하는 것으로 충분할 것이다. 자연적 인간의 영역에 속하는 것은 기껏해야 가치중립적이고, 첫째 악한 생각인 '자기애'(φιλαυθία)의 표현으로 자주 사용된다.[89] 이 자기애는 '하느님을 향한 사랑'(πρὸς θεὸν φιλία)과 정확히 반대된다. 하느님을 향한 사랑은 "완벽하고 영적인 사랑으로, 이 사랑을 통해서 기도는 영과 진리 안에서 활기를 띠게 된다".[90]

3. 활동과 관상

'실천적'(또는 활동적) 삶과 '이론적'(또는 관상적) 삶을 구분하는 일은 아주 오래됐으며 그리스도교 이전 시기에 그 기원을 둔다. 거룩한 교부들은 이를 채택하고 수용하는 과정에서 새로운 내용, 특히 그리스도교적인 내용으로 두 개념을 채웠다. 이제 이 둘은 영성 생활의 두 기둥을 형성하며, 따라서 기도의 두 기둥도 된다. 흔히 발생하는 일이긴 하지만, 일상어를 검토해 보면 알 수 있듯이, 여기 두 개념도 특히 서구에서 조금

Gedenkschrift K. Gamber, Köln, 1989, 95-109.
88 에바그리우스 『기도론』 43.
89 에바그리우스 『성찰』 53.
90 에바그리우스 『기도론』 77.

씩 의미가 변환되어 왔다.

'이론'과 '실천'(순서대로!)은 오늘날 완전히 다른 둘로 여겨진다. 자기 생각에 몰두하는 '이론가'는 종종 진지한 '실천가'와 대비된다. 많은 부분이 그저 '이론화 작업' 정도로 일축되며 '실천적 체험'과 비교할 때 중요한 의미를 갖지 않는다. 우리의 일상 언어에서 이론과 실천은, 거칠게 표현하자면, 대체로 검증되지 않은 가정과 확실한 앎처럼 관계를 맺는다.

교부들은 이러한 가치의 변환에 대해 무척 놀랄 것이다. 그들의 가치 평가는 정확히 반대이기 때문에, 우리가 '실천'과 '이론'(순서대로!)의 본질적인 의미와 둘의 관계를 완벽하게 오해하고 있다고 여길 것이다.

"주님은 야곱의 모든 천막보다 시온의 문을 사랑하신다":
주님은 '실천가'(Praktikos, 수행자)와 '이론가'(Theoretikos, 관상가)를 모두 사랑하신다. 그럼에도 그분은 관상가를 실천가보다 더 사랑하신다. 실천적 인간을 상징하는[91] 야곱은 '발뒤꿈치를 붙잡은 이'[92]를 의미하는 반면, 시온[93]은 '감시탑'[94]으로 번역되기 때문이다.

우리는 아래에서 '수행자'와 '관상가'의 관계 및 하느님께서 후자를 선

91 참조: 에바그리우스 『시편 발췌 주해』 77,21,8.
92 참조: 창세 25,26.
93 여기에서 시온은 관상적 지성을 상징한다. 참조: 에바그리우스 『시편 발췌 주해』 149,2,1.
94 같은 책 86,2,1.

호하시는 이유를 논의할 것이다.

활동과 관상을 일컫는 그리스어 표현에 상응하는 라틴어 표현도 썩 좋은 상황을 만들지는 않았다. 이와 관련해 발생한 의미와 가치의 전환은 '실천'과 '이론'이 전도되고 재평가된 원인이기도 하다. 이러한 전환은 우리가 현대의 맥락에서 우리 자신을 이해하는 데 중대한 영향을 미치며, 결과적으로 영성 생활의 의미와 본질을 이해하는 데에도 직접적인 영향을 준다.

오늘날 많은 그리스도인들은 '활동적 삶'을 활동적으로 타자를 사랑하는 삶, 곧 애덕 행위 중 하나로 이해할 것이다. 그러나 근본적인 종교적 동기가 사라진다면 활동적 삶은 그저 '사회 참여'나 사회적 활동이 되고 만다.

이 '활동적 삶'과 대비되어 이른바 '관상 수도회'에서 은둔 중에 수행하는 '관상적 삶'이 있다. 일반적으로 관상적 삶은 소수의 사람만을 위한 것이라는 견해가 지배적이다. 이런 삶은 하느님과 관련된 신성한 사안을 '관상'하는 일로 이루어져 있다. 공동 기도와 개인 기도는 관상 수도회의 가장 중요한 일로 여겨진다.

처음에 언급한 '활동'의 경우 기본적으로 외부, 곧 이웃을 향하지만, 두 번째 언급한 '관상'은 본질적으로 내면을 향한 활동이다. 따라서 오늘날 이들 삶의 형태에 부여하는 가치 평가가 앞서 인용한 에바그리우스의 본문 내용과 심하게 대조된다는 것은 이해할 수 있는 일이다. 에바그리우스는 분명히 '이론가'(관상가)를 선호하고 있다. 많은 사람들은 이른바 '활동 수도회'들이 순수하게 '관상적인 수도회'들보다 훨씬 더 '유용'하다고 여긴다. 20세기 초 프랑스에서 반교회적 조치가 취해졌을 때, 관상 수도회들이 사회적으로 '무용'하다고 여겨져서 무방비 상태로 억압을 당하던 중에도 활동 수도회들은 불상사를 모면했던 경우가 종종 있었다.

그러나 최근에 이 두 가지 삶의 형태에 대해 새롭게 재평가하는 작업이 이루어지고 있다. 활동은 '활동주의'로 쉽게 악화될 수 있으며, 이는 결국 사람들을 공허하게 만든다. 그래서 더욱 많은 신앙인들과 수도자들이 다양한 형태의 '명상'으로 눈을 돌리고 있고 가용한 모든 시간을 '관상'에 헌신하는 이들도 적지 않다.

앞서 언급했듯이 만일 누군가 이러한 방식으로 '이론'과 '실천'에 대해, 그리고 '활동적' 삶과 '관상적' 삶에 대해 말한다면 교부들은 아주 이상하게 여길 것이다. 분명히 교부들도 '프락티코스'(수행자/실천가)와 '테오레티코스'(관상가/이론가)를 명확히 구분했다. 예를 들면, 둘은 완전히 다른 유혹에 노출되고 다른 종류의 전투를 벌인다. 전자에게는 정념/욕정을 다루는 일이 가장 중요한 반면, 후자는 앎의 영역에 있는 오류를 다루어야 했다.[95] 그래서 전자가 덕을 사용해 적들과 싸운다면 후자는 "진리의 가르침을 사용하여 하느님에 대한 앎을 거스르는 모든 잘못을 파괴한다".[96]

    95   같은 책 143,7,5.
    96   같은 책 26,3,2(2코린 10,5에서 인용).

앞서 보았듯이 이는 또한 하느님께서는 '프락티코스'보다 '테오레티코스'를 더 사랑하신다는 의미다. 테오레티코스는 이미 하느님의 집에 거주하는 반면, 프락티코스는 아직 그 바깥뜰에 머무르고 있기 때문이다.[97] 교회는 결국 '수행자들'(실천가들)과 '관상가들'(이론가들)로 이루어져 있다.[98] 그리고 주님의 교회는 항상 이러하다. 그래서 에바그리우스는 다음과 같이 말할 수 있었다.

> 그노스티코스(영지자)와 테오레티코스(관상가)가 서로 만났다.
> 그런데 둘 사이에 주님께서 서 계셨다.[99]

그러나 사실 '프락티코스'와 '테오레티코스'는 두 개의 다른 주제에 관한 문제가 아니며, 따라서 자기 뜻대로, 또는 자기 성향에 따라서 자유롭게 선택할 수 있는 두 개의 다른 '길들'이 아니다. 오히려 이 둘은 동일한 한 사람에 대한 것이며, 동일한 영적 여정의 다른 단계들에 관한 사안이다.[100] '프락티코스'와 '테오레티코스'는 동일한 한 사람인 야곱과 이스라엘처럼 관계한다.[101] 프락티코스 야곱은[102] 천사와 씨름을 한 뒤 얼굴을 마주하여 하느님을 뵙고[103] 이스라엘이 된다. 고대의 어원에 따르면, "이스라엘은 테오레티코스를 상징한다. 이 이름은 하느님을 보는

---

97   같은 책 133,1,1.
98   같은 책 140,4b,7.
99   에바그리우스 『수도승을 위한 금언집』 121. 여기서 '지식을 부여받은 이'(그노스티코스/영지자)는 관상가(테오레티코스)를 의미한다.
100 에바그리우스 『시편 발췌 주해』 117,10,2.
101 같은 책 77,21,8.
102 참조: 에바그리우스 『기도론』 서문.
103 참조: 창세 32장.

자라는 뜻으로 번역되었기 때문이다".[104]

기도의 경우도 마찬가지다. 다른 모든 것처럼 기도도 양면성 또는 두 양상이 있다. '실천적(수행적) 방식'과 대조되는 '이론적(관상적) 방식'이 있다. 이들은 서로 '문자'와 '영'처럼 관계한다. 당연히 문자는 영에 선행하며 영에게 단지 '의미'(νοῦς)만 부여한다. 이 두 방식은 서로 분리될 수 없다. 이와 같이, 야곱은 사랑하지 않았던 '레아'를 위해 처음 칠 년 동안 외삼촌의 일을 했다. 레아는 힘든 '프락티케'(πρακτική, 수행/활동)의 상징이었다. 동일한 야곱은 사랑하는 '라헬'을 위해 또 다른 칠 년을 일했다. 라헬은 관상의 상징이었다.[105]

기도의 '이론적 방식'은 삼위일체 하느님에 대한 관상인 '테올로기케'(θεολογική, 신학)와 하느님의 창조에 대한 관상인 '퓌시케'(φυσική, 자연학)로 구성된다. 그렇다면 우리는 기도의 '실천적 방식'을 어떻게 이해해야 할까? 에바그리우스는 이를 '프락티케'의 일부로 보았으며, 이렇게 정의했다.

> 프락티케(수행)는 영혼의 정념부를 완벽히 정화하는 영적 방법이다.[106]

---

104 참조: 에우세비우스 『복음의 준비』 7,8,28.
105 에바그리우스 『기도론』 서문.
106 에바그리우스 『프락티코스』 78.

이 '영적 방법'은 본질적으로 '계명을 지키는 것'[107]에 기반을 둔다. 계명 준수는 우리가 가장 포괄적인 의미에서 '금욕적'이라고 이해하는 모든 실천으로 촉진된다. 이 영적 방법의 목표는 하느님의 도움을 받아 영혼의 타고난 '건강'[108]을 회복하는 것이다. 타고난 건강은 영혼을 하느님으로부터 멀어지게 하는 '질병'(πάθη, 또는 정념)에서 자유로운 상태, 곧 '아파테이아'(ἀπάθεια, 무정념)에 있다. 서서히 얻어지는 이러한 무정념적 특성이 없다면[109] 영성 생활 및 기도는 자기기만으로 타락하며 이는 단지 인간을 하느님으로부터 더욱 멀리 떨어지게 만들 뿐이다.

> 눈병에 걸린 사람이 눈을 가리지 않고 한낮의 뜨거운 태양을 계속 바라보면 아무런 도움이 되지 않는 것처럼, 정념적이고 불순한 지성이 영과 진리 안에서 경외감을 일으키는 탁월한 기도를 모방하는 것은 전혀 쓸모가 없다. 오히려 그런 사람은 하느님의 분노를 자아낼 것이다.[110]

이러한 '패배'를 통해서, 자신의 정념으로 말미암아 "혼란스러워지고 눈이 멀게 된"[111] 이들은 궁극적으로 "거짓 교리와 견해를 설파하는 수괴"가 될 위험이 있으며,[112] 그래서 자기 자신만 기만하는 것이 아니라, 다른 사람들도 길을 잃게 한다.

107 같은 책 81.
108 같은 책 56.
109 같은 책 60.
110 같은 책 146.
111 에바그리우스 『영지에 관한 문제들』 5,27.
112 같은 책 5,38.

그래서 교부들이 이해한 '활동적 삶'에는 분명히 활동(실천)이 포함된다. 그러나 이 삶은 그저 외부적으로만 정향된 삶이 아니다. 이 활동은 '내면'과 '외면'을 전혀 구분하지 않는다. 오히려 프락티케(수행/실천)는 인간이 자신과 이웃과 사물과 갖는 관계의 모든 영역을 포괄하며, 그래서 '윤리'(ἠθική)라고도 불린다.¹¹³

'프락티케'(실천/수행)와 '테오레티케'(이론/관상)는 서로 독립되어 있어서 우리가 개인적 성향에 따라 선택할 수 있는 '길들'이 아니라, 동일한 하나의 길에 있는 두 단계이다. 말하자면, '테오리아'(관상)는 '실천'의 자연스러운 '지평'이다. 곧, 실천은 실천의 목적지, 실천이 지향할 수밖에 없는 관상을 향하여 한 걸음 한 걸음씩 (영혼을) 인도한다. 실천은 실천의 궁극적 목적지인 관상에서만 그 존재 이유를 얻는다.

> 교부들은 (영적 아들들에게) 이 말을 끊임없이 반복해서 들려준다:
> 자녀들이여, 신앙은 하느님께 대한 두려움을 통해서 굳세어지고,
> 하느님께 대한 두려움은 금욕으로 강화되며,
> 금욕은 인내와 희망을 통해 흔들리지 않게 된다.
> 무정념(ἀπάθεια)이 탄생하고,
> 무정념의 자손이 바로 사랑이다.
> 그러나, 사랑은 자연학(사물의 본성에 대한 지식)으로 들어가는 문이다.
> 신학(하느님에 대한 지식)이 그 뒤를 잇고
> 마지막으로 지복이 온다.¹¹⁴

---

113 에바그리우스 『시편 발췌 주해』 143,1,1.
114 에바그리우스 『프락티코스』 머리말 8.

아래에서 아주 중요한 의미가 부여될, 순수하게 보이는 기도의 모든 '외부적 양상'은, 어떻든 그 안에 그것의 목표인 '관상적 방식'을 자연스러운 지평으로 품고 있긴 하지만, 기도의 '실천적 방식'에 속한다.

일반적인 프락티케와 마찬가지로, 야곱이 사랑하는 라헬의 구혼자로서 칠 년 동안 일하면서 자기부정의 삶을 살았던 것처럼, 기도의 외부적 양상은 역경으로 가득 차 있다. 그리고 이것은 어떻게 이해하든 아직 '자기 구원'에 관한 문제가 아니다. 프락티케(수행)의 목표, 곧 아파테이아(무정념) 또는 마음의 정화만이 인간으로 하여금 "하느님을 볼 수 있게"[115] 하며, 이는 언제나 "하느님의 은총과 인간의 노력"이 협력한 결과이기 때문이다.[116] 그래서 에바그리우스는, 자신의 노력으로 모든 것을 얻었다고 여기는 교만한 사람에게, 오직 "그리스도의 은총을 통해서" 무정념에 이르렀음을 기억하라고 권고한다.[117]

그러므로 '기도의 관상적 방식' 자체는 일반적인 '테오리아'(관상)가 그렇듯 순수한 '카리스마'(은사)[118]로, 아버지께서 받을 만하다고 보시는 이들에게 주시는 아버지의[119] 과분한 '선물'이다.[120]

---

115 마태 5,8.
116 에바그리우스 『시편 발췌 주해』 17,21,12.
117 에바그리우스 『프락티코스』 33.
118 에바그리우스 『기도론』 87.
119 같은 책 59. 70.
120 에바그리우스 『시편 발췌 주해』 13,7,7.

4. 시편 낭송 – 기도 – 묵상

오늘날 심지어 성직자들 중에서도 '기도'하는 대신에 '명상'을 하겠다고 노골적으로 선언하는 사람들을 만나는 것은 그다지 어려운 일이 아니다. '명상'을 주제로 한 여러 출판물과 명상 지도 과정 등은 그리스도인들이 분명히 '기도'의 위기를 겪고 있음을 보여 준다. '시편 기도'와 관련짓는다면 상황은 다소 나아 보인다. 우선 수도회들이 여전히 시편 기도를 실천하고 있고, 평신도와 성직자를 아우르는 전체 교회가 드리는 '성무일도'의 중심도 시편 기도로 이루어져 있기 때문이다. –

시편 낭송과 기도와 묵상은 예부터 '성서적 인간'의 영성 생활에서 필수적인 구성 요소였다. 그러나 거룩한 교부들은 이를 어떻게 이해하고 있는가? 우선 시편과 기도를 살펴보자.

> 아직 기도나 시편 낭송의 은사를 받지 못했다면 끊임없이 요청하십시오. 그러면 그 은사를 받게 될 것입니다.[121]

여기에서 분명히 전제하고 있는 시편 낭송과 기도의 구분은 초기 교부들의 저술에서도 자명하지만 현대인들에게는 이상하게 보일 수도 있다.[122] 시편 낭송과 기도는 하나이며 동일한 것이 아닌가? 그래서 우리는 '시편으로 드리는 기도'나 '시편 기도'라고 말하지 않는가? 그리고 시편은 회당에서 가져온 탁월한 '교회의 기도서'가 아닌가? 교부들은

---

121 에바그리우스 『기도론』 87.
122 참조: G. Bunge, Geistgebet, Kapitel I: "Psalmodie und Gebet".

그렇기도 하고 그렇지 않기도 하다면서 이렇게 말할 것이다. "시편 낭송은 아직 기도가 아니다." 이 둘은 분리되지 않지만 다른 차원에 속하는 것이기 때문이다.

> 시편 낭송은 '다양한 지혜'[123](의 영역)에 속하는 반면, 기도는 (다양하지 않은) 비물질적 지식을 여는 서막이다.[124]

이를 어떻게 이해해야 할 것인가? 우선 성서가, 특히 시편 자체가 시편 낭송과 기도에 대해 말하는 것을 살펴보자.

하나의 '시편'은 다양한 내용을 담을 수 있는 하나의 '노래'이다. 성서 학자들은 시편 150수를 다양한 문학 장르로 분류했다. 여러 시편의 제목에서 드러나듯이 구약의 이 '노래'는 종종 음악과 함께, 예를 들면 열 줄로 된 '현악기'로 연주되었다.

이 연주는 '찬가'라 불렸고 예술가 자신이 '시편 시인', 곧 시편 가수였다. 초기 교회는 다섯 권의 책으로 수집된 이 '이스라엘의 노래'들을 옛 계약의 백성에게서 채택했고 시간이 흐르면서 교회가 하느님을 예배하는 부분으로 영구히 자리 잡았다. 그러나 교회는 이 '시편'을 읽는 자신만의 방식이 있다.

시편이 구약성서 전체를 찬가 형태로 요약한 것이라고 불리는 데는 이

---

[123] 에페 3,10.
[124] 에바그리우스 『기도론』 85.

유가 있다. 그래서 교회는 아주 초기부터 시편을 읽었고, 일반적으로 구약성서의 책들을 읽을 때와 마찬가지로, 그리스도 안에 성취된 성령의 예언자적 말씀으로 이해했다.[125] 이러한 사정은 에바그리우스가 시편을 '하느님의 다양한 지혜'의 영역에 있는 것으로 안배할 때 의미했던 것을 부분적으로 설명한다. 에바그리우스는 시편이 창조와 구원 역사 안에 반영된 '지혜'를 증언하며, 구약성서 전체가 창조와 구원 역사 안에 반영된 하느님의 다양한 지혜를 증언한다고 보았다.

그러므로 그리스도인들에게 시편은 무엇보다도 거룩한 경전이며, 시편 저자 다윗은 성령의 영감을 받은 예언자이다.[126] 시편은 인간을 향한 하느님의 예언자적 말씀으로서 그리스도와 그분의 교회에 열려 있고, 구약성서의 어떤 책보다도 신약성서에서 꾸준히 인용된다. 한편 '기도'를 드리거나 '찬미의 노래'(δοξολογία)를 부르는 것은 인간이 하느님께 말하는 것, 또는 에바그리우스가 채택한 알렉산드리아의 클레멘스에 따르면,[127] "하느님과 하는 대화"이다.[128]

시편은 기도하는 그리스도인이 곧바로 채택할 수 있는 '하느님께 건네는 말'과 '찬미의 노래'들을 적지 않게 제공한다. 그러나 시편의 다른 부분들은 전혀 '기도'의 형태를 갖추고 있지 않다. 파란 많은 이스라엘 역사에 대한 긴 성찰에 더하여, 우리는 심지어 '원수들'을 저주하는 시

---

125 참조: 루카 24,25-27.
126 참조: 마태 22,43.
127 에바그리우스『기도론』3.
128 알렉산드리아의 클레멘스『양탄자』7,39,6.

편들도 찾아볼 수 있는데 이것이 현대의 독자들에게는 그리스도인들이 드리는 기도와 완전히 반대되는 것처럼 보인다. 인기 없는 시편 구절들을 포함해 전체 시편을 자기 것으로 삼고 그것을 참으로 그리스도교적인 기도로 변화하기 위해서는 '묵상'을 수련하는 열정이 필요하다.

시편 저자처럼 교부들도 성서의 특정 구절이나 단락 전체를 낮은 목소리로[129] 끊임없이 반복하는 것을 '묵상'(μελέτη)으로 이해했다. 그리고 이 묵상을 통해 모두에게 즉시 밝혀지지 않는 '숨겨진 의미'를 파악하고자 했다.[130] '우리가 알기로, 율법은 영적인 것'[131]이고 성서 전체가 그렇기에 성서는 "명료하고 영적인 방식으로 이해되어야 한다".[132] 그래서 에바그리우스는 한 곳에서 '묵상'을 '관상'(θεωρία)으로 해석한다.[133] 성서는 '묵상' 외에 '곰곰이 생각하는 것' 또는 '주의를 기울이는 것'에 대해 말한다. 에바그리우스는 시편 137편 1절(칠십인역)을 언급하면서, 천사들의 가장 고귀한 활동은 하느님과 그분의 업적을 관상하는 것이므로, 시편에 대한 관상적 '묵상'은 "천사들 앞에서 하느님께 시편을 노래하는 것"이라고 한다.[134]

"천사들 앞에서 당신께 찬미 노래 부릅니다":
천사들 앞에서 시편을 노래한다는 것은 분심 없이 시편을 노래한다

---

129 참조: 시편 35,28; 37,30; 71,24.
130 에바그리우스『잠언 발췌 주해』23,1.3: Géhin 250.
131 로마 7,14.
132 에바그리우스『잠언 발췌 주해』23,1.3: Géhin 251.
133 같은 책 118,92,41.
134 에바그리우스『영지에 관한 문제들』3,4.

는 뜻으로, 우리의 지성이 오직 시편에 묘사된 것으로만 감화를 받거나 아니면 전혀 감화를 받지 않는다는 의미다. 아마도 '천사들 앞에서' 시편을 노래하는 사람은 시편의 의미를 감지하는 사람이다.[135]

그러므로 시편을 노래하는 사람은 다양한 이미지나 다양한 개념에 집중을 잃어 '산만해지지' 말고 오직 본문의 '숨겨진 의미'만 관상해야 한다. 이 일은 결코 쉽지 않기에 에바그리우스는 '분심 없는 시편 낭송'을 '분심 없는 기도'보다 더 훌륭하다고 여긴다.[136] 앞서 보았듯이, 기도는 한 분 하느님에 대한 "비물질적이고 다양하지 않은 지식을 여는 서막"이기 때문이다.

이러한 '묵상'의 대상은 영원에서부터[137] 당신의 다양한 '업적'[138] 안에서 당신 스스로를 계시하시는 하느님이다.[139] 이 '업적'은 그분의 '지혜'[140]와 그분의 '의로움'[141]과 그분의 '규범'[142]과 그분의 '계명'[143]을 증언하니, 에바그리우스는 이 모든 것이 '다양한 지혜'의 표현이라고 말한다.

---

135 에바그리우스 『시편 발췌 주해』 137,1,1.
136 에바그리우스 『프락티코스』 69.
137 시편 77,6.
138 시편 77,12; 143,5.
139 시편 63,7.
140 시편 37,30.
141 시편 71,16.
142 시편 119,16.
143 시편 119,52.

기도하는 신앙인은 '하느님의 말씀'[144]인 그분의 '가르침'[145]과 '계명'[146] 안에 기록된 증언, 곧 그분의 '기적'[147]을 진술하는 구약성서 안에 기록된 '증언들'[148]을 찾는다. 그러나 성서의 숨겨진 의미는 저절로 드러나지 않는다. 부활하신 주님께서 눈을 뜨게 해 주실 때에만 제자들에게 드러난다.

"이것은 내가 전에 여러분과 함께 있었을 때에 여러분에게 일러둔 말이거니와, 나에 관해서 모세의 율법과 예언자들의 책과 시편들에 기록된 모든 것은 이루어져야만 합니다." 이때 예수께서는 그들의 이해력을 열어 주시어 성경을 깨닫게 하시며 그들에게 말씀하셨다. "이렇게 기록되어 있습니다. 곧 그리스도는 고난을 겪고 사흘 만에 죽은 이들 가운데서 다시 살아나며, 예루살렘으로부터 시작하여 모든 민족에게 그의 이름으로 죄를 용서하기 위한 회개가 선포된다는 것입니다. 여러분은 이런 일들의 증인입니다."[149]

새 계약을 예시한 옛 계약의 사건들 안에서 '본보기'($\tau\acute{\upsilon}\pi o\varsigma$)를 식별한 바오로처럼[150] 사도들은 이러한 정신으로 그리스도께 초점을 맞추어 성서를 해석했다. 예컨대 바오로는 광야의 '바위'에서 이스라엘이 마셨

---

144 시편 119,148.
145 시편 1,2; 119,70.77.92.97.
146 시편 119,15.47.78.143.
147 시편 105,5; 119,27.
148 시편 118,24.99 칠십인역.
149 루카 24,44-48.
150 1코린 10,6.

던 '음료'를 '영적 바위'에서 마신 '영적 음료'로 언급하면서 "그 바위는 그리스도였다"고 확언한다.[151]

그러므로 거룩한 교부들에게 '묵상'이란 기본적으로 '예형론적' 해석을 통해서 구약성서의 숨겨진 그리스도교적 의미를 파악하는 것을 의미했다. 교부들은 주님과 그분의 제자들의 뒤를 따라서, 구약성서 안에서 하느님께서 말씀하신다는 것을 전혀 의심하지 않았다.[152] 예를 들어 다윗은 "예언자적 영의 인도를 받아서 그리스도의 육화와 관련된 일들을 인식했다".[153]

이처럼 성서적 '묵상'은 하느님께서 스스로 당신의 '이름'[154]과 행적을 계시하시는 구원 역사의 객관적 사실과 주로 관련이 있다. '선택받은 백성'의 신비스러운 역사[155]나 이 역사가 반복되는 개인의 운명에 대한 성찰은 결코 자체로 종결되지 않는다. 이러한 묵상은 항상 '하느님을 생각'[156]하는 데로 인도하고자 하며, 따라서 참된 의미의 '기도'로 이끈다. 인간이 드리는 기도가 청원이든 찬가든 찬양이든, 인간은 기도 안에서 하느님의 구원 활동에 응답하기 때문이다.

"당신께서 저에게 당신의 의로운 법을 가르치실 때,

---

151 1코린 10,4.
152 에바그리우스『시편 발췌 주해』88,20,10.
153 같은 책 139,13,8.
154 시편 119,55.
155 시편 78.
156 시편 63,7; 77,4.

저의 입술은 찬미가를 터뜨릴 것입니다":
"여러분 가운데 누가 기쁨을 느낍니까? 그런 사람은 찬미의 노래를 부르시오"[157]라고 쓰여 있듯이, 시편을 노래하는 것은 기뻐하는 사람에게 어울린다. 이와 비슷하게, 찬가를 부르는 것은 '의로운 법'의 근저를 아는 이들에게 적합하다. 그럼에도, 찬가를 노래하는 것이 천사들이나 천사와 같은 지위를 지닌 이들에게 적합한 반면, 시편을 노래하는 것은 인간에게 적합하다. 그래서 밖에서 밤을 보내던 목자들은 천사들이 시편을 부르는 것이 아니라 찬미가를 바치는 것을 들었다. "지극히 높은 곳에서는 하느님께 영광, 땅에서는 그 사랑받는 사람들에게 평화!"[158]

'기쁜 마음'은 하느님의 계명을 지키고 참된 가르침의 인도를 받아 얻어지는 영혼의 무정념적 자질과 관련이 있다. 이와 달리 '찬가'는 하느님께서 성취하신 일을 보고 느끼는 경외감과 연결된 찬미의 노래이다.[159]

지금까지 밝힌 바와 같이, 거룩한 교부들에게 '시편 낭송과 기도와 묵상'은 서로 밀접하게 연결되어 있기는 하지만 아주 다른 것이었다.

요한 콜로부스는 추수 일을 마치거나 다른 원로들과 만난 다음 다시 암자로 되돌아올 경우, 자기 마음이 이전 상태로 회복될 때까지 기

---

157 야고 5,13.
158 루카 2,14.
159 에바그리우스 『시편 발췌 주해』 118,171,79.

도와 묵상과 시편 낭송에 전념했다고 한다.[160]

생각을 풍요롭게 하는 이러한 구분을 다시 마음에 새긴다면, 특히 성무일도의 핵심을 구성하는 시편 낭송과 관련하여, 오늘날 사람들이 부딪히는 여러 문제들을 해소할 수 있을 것이다. 시편 낭송은 무엇보다도 성서를 읽는 일이다. 물론 이 경우에 '성서'와 '읽기'가 아주 특별한 유형이기는 하다. 시편은 구약성서에 담긴 하느님 말씀으로 우리는 우선 이 사실을 신앙을 통해서 받아들여야 하며, 여기에는 현대인의 감각에 맞지 않는 불편한 부분들도 포함된다.

성령 안에서 그리스도와 그분의 교회를 향해 열리는, 구약성서에 담긴 하느님 말씀의 '영성화'는 부드러운 번역을 통해서 이룰 수 있는 일이 아니며, 오늘날 관습처럼 삭제해서 이룰 수 있는 일도 분명히 아니다. 오직 사도들과 거룩한 교부들의 정신으로 영감을 받은 '묵상'만이 이러한 영성화를 가능하게 한다. 그리스도인은 그리스도와 그분의 교회를 향해 개방하는 열쇠를 '예형론적' 방식 안에서 발견하며, 이 방식은 주님과 사도들과 거룩한 교부들이 구약성서의 하느님 말씀을 읽는 방식이기도 하다.

본디 성무일도의 각 시편 뒤에 바쳤던 개인 기도에서 기도 과정 전체가 마무리되며, 이제 각자는 하느님을 향해 돌아서서 그분과 친밀한 대화에 들어선다. 인간의 비극과 죄스러운 실패에도 불구하고, 무수한

---

160 『사막 교부들의 금언』 요한 콜로부스 35.

세대를 통하여 역사의 곡절을 거치면서, 결국 그리스도 안에서 충만할 수 있도록 구원 활동을 펼치신 분과 대화하는 것이다.

II

장소와 시간

'기도'는 본질적으로 하느님과 인간 사이에 일어나는 영적 상호작용이다. 영적 본성을 지닌 우리의 '지성'은 에바그리우스가 분명히 밝히듯이 육체 없이도 스스로 기도할 수 있을 것이다.[1] 그러나 인간은 영혼과 육체로 구성되어 있고 육체는 시공간에 매여 있기에, 실로 인간의 기도는 언제나 시공간 안에서 발생하기 마련이다. 그러므로 적합한 장소를 고르는 일과 낮이나 밤에 가장 적절한 시간을 확보하는 일은 교부들이 '참된 기도'라고 부른 것을 수행하는 데 결코 불필요한 전제 조건이 아니다.

---

1 에바그리우스 『프락티코스』 49.

심지어 가장 오래전에 주님의 기도를 해설한 이들도 적합한 질문을 제기했고 우리를 위해 사도 시대 이래 교회에서 가장 중요하게 여긴 것을 기록했다. 예를 들어 오리게네스는 필요한 '내적 상태'를 강조한 후, 기도를 드리기 위한 필수적 항목에, 적합한 '장소', 전통적으로 사용해 온 하늘을 향하는 '방향', 가장 좋은 '시간'을 포함시킨다. 이 책에서도 이 순서를 따라 설명할 것이다.

1. 기도할 때에는 골방에 들어가시오.[2]

오늘날 많은 그리스도인에게 '기도'는 단지 전례나 공동 예배에 참여하는 것을 의미한다. 하루에 여러 차례 드리는 개인 기도와 규칙적인 기도는 사라졌거나 다양한 형태의 비그리스도교적 '명상'에 그 자리를 내주었다. 그러나 성서 시대의 사람들과 교부들에게 기도란 모든 신자들이 함께 드리는 공동 기도에 정해진 시간에 규칙적으로 참여하는 것만이 아니라, 여기에 더하여 정기적으로 개인 기도를 드리기 위해 물러서는 것을 의미했다.

우리는 예수 그리스도의 지상 행적이 언제나 모든 시대의 그리스도인을 인도하는 모범이라는 말을 듣는다. 주님은 안식일 축제를 지내기 위해 팔레스티나 회당에 정기적으로 참석하셨고, 어렸을 때에도 대축제를 지내기 위해 예루살렘으로 순례하셨다. 이렇게 종교 의례를 지키는

---

2 마태 6,6.

것은 전혀 이상한 일이 아니며, 당시의 신심 깊은 유대인이라면 모두 이러한 관습을 지켰을 것이다. 그러나 예수의 제자들에게 특별히 깊은 인상을 남겼던 것, 그리고 그들이 반복해서 기록하고 우리에게 전해 준 것은, 바로 그분이 개인 기도를 드렸다는 사실이다.

그리스도는 분명히 규칙적으로 '혼자'[3] 기도하는 습관을 지니고 있었다. 당신의 하늘 아버지와 아주 친밀한 대화를 하기 위해서 '외딴곳'[4]이나 '따로 기도하려고 산으로'[5] 물러나시는 것을 선호하셨다. 그래서 그분은 개인 기도를 드리기 위해 일부러 고독을 찾으셨고, 당신이 군중을 위해 파견되었음을 아셨지만[6] 군중을 떠나서, 그리고 보통 늘 함께했던 제자들마저[7] 떠나서 혼자 기도하셨다. 가장 가까운 제자들인 베드로와 제베데오의 두 아들을 증인으로 데려갔던 겟세마니에서도, 홀로 기도하고 죽음의 공포에 휩싸인 당신의 영혼을 아버지께 맡기기 위해서, 그분은 그들과 떨어져 '돌을 던지면 닿을 만한 거리',[8] 곧 소리가 들리지 않는 거리에 가시어 기도하셨다.

그분은 지상 생활 동안 몸소 실천하셨던 것을 당신 제자들에게도 분명히 가르쳐 주셨다. 성전에서 아침과 저녁 희생 제사 때 시작을 알리는 나팔 소리가 울리면 광장이나 길모퉁이에 서서 기도하던 당시 널리 퍼

---

3 루카 9,18.
4 마르 1,35; 루카 5,16.
5 마태 14,23; 참조: 마르 6,46; 루카 6,12; 9,28.
6 참조: 마르 1,38 이하.
7 마르 1,36 이하.
8 루카 22,41 및 병행구절.

진 신심 관행과 반대로, 그리스도께서는 제자들에게 기도하기 위해 그들 집의 가장 은밀한 '방'으로, '숨어 계시는 아버지'만이 볼 수 있고 들을 수 있는 장소로 물러나라고 명하셨다.[9]

사도들과 그들 이후의 거룩한 교부들도 이 길을 따랐다. 우리는 베드로와 요한이 "오후 세 시 기도 시간에 성전으로 올라갔다"[10]는 것을 알고 있고, 초기 교회의 회중이 "모두 한마음으로 기도에 전념"[11]했다는 것도 알고 있다. 그러나 다른 한편 낮 열두 시쯤 베드로가 혼자 기도하러 지붕으로 올라간 사실도 알고 있다.[12]

우리가 어디에 있든 우리는 어떤 곳에서도 기도할 수 있다. 그럼에도, 누군가 개인 기도에 전념하길 원한다면 그는 기도를 드리기 위해 적절한 장소를 찾으려고 할 것이다. 베드로는 여행 중이었고, 그가 혼자 있기를 원했을 때 그에게는 손님으로 머물던 집의 지붕 말고는 다른 선택지가 없었다.

그리스도인은 매일 규칙적으로 기도한다는 것이 당연하던 시절, 교부들은 또한 이러한 개인 기도를 드리기 위해 적합한 장소에 관한 문제를 다루었다.

---

9   마태 6,5-6.
10 사도 3,1.
11 사도 1,14 외 여러 곳.
12 사도 10,9.

기도를 드리기 위한 장소와 관련해 알아 두어야 하는 것이 있다. 올바르게 기도한다면 모든 장소가 기도를 드리기에 적절하다. 왜냐하면 "곳곳에서 내 이름에 향과 정결한 제물이 바쳐진다"라고 주님께서 말씀하시기 때문이다.[13] 그리고 "나는 사람들이 어디서나 거룩한 손을 들어 기도하기를" 바란다.[14]

각자가 분심에 들지 않고 평화 속에서 기도를 드릴 수 있기 위한 규정이 있으니, 가능하다면 자기 집에서 가장 거룩한 장소를 선택하고 그곳에서 기도를 드려야 한다는 것이다.[15]

첫 그리스도인들과 심지어 이집트 사막의 초기 은수자들도 가능하면 항상 개인 기도를 드리기 위해 특별히 정한 고요한 공간을 집 안에 두었다. 수십 년 전에 사막에서 다시 모습을 드러낸 켈리아처럼, 초기 이집트 교부들의 기도실들은 이를 잘 보여 준다.[16] 그러나 개인 기도의 환경이 이렇다고 해도 "신앙인들이 모이는 것은 자연스러운 일이기에" 이처럼 사람들이 모이는 장소에서 기도하는 것을 선호하는 그리스도인들을 막지는 못했다. 오리게네스는 계속한다.

'어떻게' 이런 일이 가능한지 설명할 길이 없지만, (그런 장소에는)

---

[13] 말라 1,11.
[14] 1티모 2,8.
[15] 오리게네스 『기도론』 31,4.
[16] 참조: G. Descoeudres, Kirchen und Oratorien in den Eremitagen der Mönchssiedlung Kellia, Habilitationsschrift, Zürich 1994.

신자들의 무리 옆에 천사적 능력과 '우리 주님의 권능'[17]과 구원자 자신과, 게다가 성인들의 영과, 내가 믿고 있듯이, 최근 세상을 떠났지만 분명히 지금도 살아 있는 사람들의 (영들이) 서 있다.[18]

이 구절은 우리가 '성인들의 통공'이라고 부르는 것에 대한 강력하고 생생한 지각을 감명 깊게 증언하고 있지만 오늘날 우리는 이를 경험하기가 무척 어렵다. 이 증언은 박해받는 신앙 공동체인 그리스도인들이 엄밀한 의미에서 '교회들'을 짓는 게 허락되지 않았던 시대, 그래서 규모가 큰 개인 집에서 모여야만 했던 시대에 나온 것이다.

거룩한 교부들은 물론 개인의 신심을 공개적으로 과시하는 것, 특히 '신심 깊은' 사람들의 미묘한 악덕인 위선에 대한 그리스도의 경고를 마음에 깊이 새겼다.

> 헛된 영광은 광장에서 기도하라고 부추긴다.
> 이에 저항하는 사람은 자기 방에서 기도한다.[19]

우리는 여러 자료를 통해 사막 사부들이 금욕 수행, 특히 기도를 어떻게든 은밀히 실천하려고 온갖 노력을 기울였다는 것을 알고 있다. 그러나 그리스도와 여러 교부들의 모범은 이것이 그저 허영의 죄를 피하려는 사안만이 아니었음을 보여 준다. 결국 기도는 본성상 그리고 가

---

17 참조: 1코린 5,4.
18 오리게네스 『기도론』 31,5.
19 에바그리우스 『여덟 악령』 7,12.

장 심오하게 "하느님과 함께하는 지성의 대화"이며, 어떤 상황에서는 다른 사람들의 현존이 기도에 방해가 될 수 있다.

압바 마르쿠스가 압바 아르세니우스에게 말했다. "왜 우리를 피하시는 겁니까?" 원로가 그에게 말했다. "하느님은 내가 여러분을 사랑한다는 것을 아십니다. 하지만 나는 하느님과 살면서 동시에 사람들과 함께 살 수 없습니다. 수천수만의 하늘 군대는 하나의 뜻만을[20] 가지고 있는 반면 사람들은 많은 뜻을 가지고 있습니다. 그래서 내가 사람들과 함께 있자고 하느님을 떠날 수는 없는 일입니다."[21]

공적인 기도와 관련해서도 우리가 반드시 고려해야 하는 위험, 곧 다른 사람들이 있어서 집중이 되지 않는 산만함의 위험이 있다. 그러나 참으로 고독을 갈망하는 사람들은 이 위험이 가장 위협적이기 때문에 고독을 갈망하는 것이 아니다. 아르세니우스가 말한 "하느님과 함께 있는" 중에 창조자와 피조물 사이에 발생하는 것은 본질적으로 다른 사람들의 눈과 귀를 위한 게 아니다.

한 형제가 스케티스에 있는 압바 아르세니우스의 암자로 왔다. 그는 문밖에서 기다리면서 완전히 불꽃과 같은 원로의 모습을 보았다. 그 형제는 이 광경을 볼 자격이 있었다. 그가 문을 두드리자 원로는 밖으로 나와 그 형제가 놀라워하는 모습을 보았다. 원로가 그에게 물었다. "오랫동안 문을 두드리고 있었소? 여기서 무얼 보았소?" 그 형

---

20   참조: 마태 6,10.
21   『사막 교부들의 금언』 아르세니우스 13.

제가 대답했다. "아닙니다." 그러자 원로가 그와 함께 이야기를 나누고 그를 돌려보냈다.²²

이 신비로운 '작열하는 기도'는 다른 교부들을 통해서도 우리에게 알려졌다.²³ 에바그리우스가 이러한 기도에 대해 말하며²⁴ 요한 카시아누스도 마찬가지다.²⁵ 기도를 위한 시간은 주로 가시적인 세계가 어둠에 잠기는 밤이다. 기도를 위한 장소는 모든 것으로부터 우리를 분리하는 메마른 '사막'이나 높은 '산'이다. 사막이나 산에 가지 못하는 경우에는 은밀한 '방'이 대신한다.

2. 예루살렘아, 동쪽으로 눈을 돌려 바라보아라!²⁶

일상 언어에서 '방향 설정'(Orientierung)이라는 용어는 우리에게 매우 친숙하다. 아마도 대다수 사람들은 이 용어를 특정한 '지향' 정도의 의미로 여길 것이다. 사실 자신의 방향을 설정하지 못하는 사람은 스스로 나아가는 방향과 목표를 보지 못한다. '방향 설정'이 정확히 '동쪽을 향함'을 의미한다는 것을 인지하는 사람은 아주 드물다. '방향을 정한다'는 말은 동쪽을 향하는 것, 해가 뜨는 방향(ἀνατολή)으로 향한다는 뜻이다. 만일 이 용어의 참된 의미를 안다면, 생각 없이 "서쪽을 향하여 동

---

22 같은 책, 아르세니우스 27.
23 같은 책, 스케티스의 이사야 4; 파네피시스의 요셉 6.7.
24 에바그리우스 『기도론』 111.
25 요한 카시아누스 『담화집』 9,15 이하.
26 바룩 4,36.

쪽으로 방향 설정하기"(Ostung nach Westen)와 같은 말을 하지는 않을 것이다.

더욱이 오늘날 전례학자들을 제외하면, 아주 오래전부터 그리스도인들은 이교인이 하듯 그저 태양을 향한 것이 아니라, 해가 뜨는 동쪽을 향해 기도드려 왔기 때문에, 모든 그리스도 교회들이 '동쪽으로 정향'되었거나, 적어도 원칙적으로 동쪽으로 향해 있어야 한다는 사실을 아는 사람은 거의 없다.[27]

기도하기 위해 동쪽으로 향하는 것은 교부들이 보기에도 아주 중요했기에 이 주제에 대해서는 뒤에서 더 길게 다룰 것이다. 이와 관련해서 오리게네스는 무척 단호했다. 기도를 드리기 위해 동쪽으로 향하는 그리스도인을 막아야 할 근거는 없다![28] 사람들은 이미 고대부터 왜 이 방향을 향해야 하는지 물었던 것이다.

> 질문: 다윗이 우리에게 "그분 왕국의 모든 곳에서 주님을 찬미하라"[29]고 명령하고, 사도도 "어디서나 거룩한 손을 들어 기도하라"[30]고 가르치듯이, 만일 자연과 우주의 주님이신 하느님께서 창조 과정에서 순환적 방식을 따라서 모든 것을 결정하셨다면, 우리는 왜 해가 뜨는 방향을 경건하게 고려하고 신성한 장소인 것처럼 그 방향을

---

27 『사도 헌장』 2,57,3.
28 오리게네스 『기도론』 31,1.
29 시편 103,22.
30 1티모 2,8.

보면서 하느님께 찬미가를 부르고 기도를 드리는가? 그리고 이러한 관습을 누가 그리스도인에게 가르쳤는가?

대답: 보통 우리는 하느님의 영광을 위해 더 고결한 것을 정하기 때문이다. 그리고 인간의 사고방식에 따르면 해 뜨는 방향이 창조의 어느 방향보다도 더 고결하기 때문이다. 그래서 우리는 기도드릴 때 모두 동쪽을 향해 절한다. 이는 (축복의) 표지가 필요한 사람에게 그리스도의 이름으로 오른손을 사용하는 것과 마찬가지니, 비록 오른손과 왼손이 본성상 다른 게 아니라 관례상 다를 뿐이지만, 오른손이 왼손보다 더 고결하다고 여겨지기에 오른손을 사용하는 것이다. 그래서 창조의 방향에서 더 고결한 동쪽이 하느님께 예배드리기 위한 방향으로 지정된 것이다.

우리가 기도를 드릴 때 동쪽을 향한다는 사실은 예언자나 사도의 말씀과 전혀 모순되지 않는다. 기도하는 사람은 '어디에 있든' 동쪽을 이용할 수 있기 때문이다. 그리고 우리는 우리가 마주 보는 그 방향에서 예배를 드리기에 기도드리는 중에는 창조의 네 방향을 모두 바라보는 것이 불가능하다. 그래서 우리는 창조의 한 방향을 바라보면서 예배를 드리는 것이다. 동쪽만이 하느님의 작품이 아니고, 동쪽이 하느님의 거주지로 지정되었기 때문도 아니라, 우리가 하느님께 예배드리는 장소로 동쪽이 지정되었기 때문이다.

더욱이 교회는 거룩한 사도들에게서 기도를 드리는 관습과 더불어 기도를 드리는 장소와 관련된 관습을 물려받았다.[31]

---

31 위-유스티누스『정통 신앙인에게 제기한 질문과 답변』질문 118.

여기서 제기된 문제는 아주 정당하다. 예부터 유대인들은 예루살렘에서 기도드렸고 사마리아인들은 그리짐산에서 예배드렸다.[32] 그리고 신실한 유대인이 거룩한 도성에서 떨어진 경우에는 하느님의 성전이 있는 예루살렘을 향해 기도드렸다.[33] 그러나 그리스도께서 오심으로써 특정한 장소를 연결하여 적용하는 원칙은 소멸됐다. 하느님 현존의 '장소'는 바로 그리스도 자신이다. 아버지의 "진실한 예배자들"은 이제 "영과 진리 안에서",[34] 에바그리우스의 해석을 따르자면, "그분의 거룩한 영과 그분의 외아드님 안에서"[35] 아버지께 예배드린다.

앞의 『질문과 답변』을 쓴 익명의 저자도 기도드리면서 동쪽을 향해 절하는 그리스도인의 관습(ἔθος)이 인간적 관례(θέσει)에 기반을 둔 것이며 본성적(φύσει)인 것은 아니라고 직설적으로 말한다. 그러나 이것은 하나의 사도적 전승으로, 대 바실리우스가 진술하듯이, 글로 쓰여서 우리에게 전달된 전승이 아니라 '감추어져'(ἐν μυστηρίῳ) 전해진 전승이다.[36] 이러한 사정은 동쪽을 향해 기도드리는 관습이 어떤 형태로든 그리스도와 관련이 있다는 것을 분명히 한다.

위에서 인용한 『질문과 답변』을 쓴 익명의 저자는 이 주제를 더 이상 언급하지 않는다. 더 이른 시기의 교부나 후대의 교부들이 이에 대해 상세한 정보를 남겼다. 흥미로운 점은 우리가 마주 보는 방향으로 절

---

32 요한 4,20.
33 다니 6,11.
34 요한 4,23.
35 에바그리우스 『기도론』 59.
36 대 바실리우스 『성령론』 27,66,13 이하.

을 해야 한다는 그의 발언이다. 인간은 실제로 육체적인 의미에서만이 아니라 영적인 의미에서도 한 얼굴이 있으며, 이 얼굴은 자신이 말하고자 하는 대상을 향한다. 모두가 경험을 통해서 알고 있듯이 이는 깊고 상징적인 의미를 띠는 동작이다.

사도 시대 이래 그리스도인들은 기도를 드리면서 동쪽을 향했고, 그 방향을 마주 보고 하느님 앞에서 예배드리면서 절을 했다. 그들이 이렇게 한 것은, 니사의 그레고리우스가 지적하듯이, 오직 거기에서만 하느님이 보인다고 생각했기 때문이 아니다.[37] 그렇다면 왜 그러한가? 이미 4세기에도 모든 사람이 이를 이해했던 것은 아니었다.

> 그래서 우리는 모두 기도를 드리는 중에 동쪽을 바라보지만, 우리가 우리의 본향, 곧 하느님께서 동쪽에 있는 에덴에 꾸미신 천국을 찾고 있다는 것을 아는 이는 드물다.[38]

그리스도인들이 다른 세 방향보다 동쪽을 더 고결하게 여기고 기도하기 위해 그 방향으로 향하는 첫째이며 가장 중요한 이유는 구원 역사와 관련이 있다. 천국이 '동쪽'에 있기 때문이다.[39] 천국은 하느님의 '처음의' 뜻, 근원적이며 가장 참된 뜻이 창조 안에서 실현된 장소이다. 첫 인간 부부의 죄는 이 질서를 어지럽힌 것이었고, 그래서 그들은 이 '본

---

37 니사의 그레고리우스 『주님의 기도』 5.
38 대 바실리우스 『성령론』 27,66,60 이하.
39 창세 2,8.

향'에서 추방되었다.⁴⁰ 그럼에도 하느님의 창조적인 처음의 뜻은 여전히 유효하다. 그러므로 형벌에는 이미 이 추방이 최종적인 것이 아니라는 약속이 포함되어 있었던 것이다.

> 그래서 하느님께서는 아담과 분명히 그의 아내도 "천국 밖으로 추방하셨다". 그러나 추방에는 귀환의 기회도 들어 있었다. 하느님은 아무런 귀환의 희망도 없이 아담을 내보낸 것이 아니라, 오히려 천국과 '대조되는' 곳으로 보냈기 때문에,⁴¹ 아담은 천국을 기억하고 명확히 마음에 두면서 살아가게 될 것이다.⁴²

그리스도의 구원 활동은 아주 명백하게 이 약속을 실현하고 그렇게 해서 창조 안에 있던 하느님의 처음 뜻을 입증하는 것으로 이루어진다. 그래서 그분은 모세 율법이 허용했지만 사람이 갈라놓아서는 안 된다고 선포한 이혼과 관련해서 이렇게 말씀하셨다.

> 그러나 처음부터 그렇게 되었던 것은 아닙니다.⁴³

이 '처음'(ἀρχή)은, 그저 일시적인 의미의 처음을 가리키지 않고 오히려 근본적인 의미에서 창조의 '원리'와 창조의 본디 질서를 가리킨다. 따라서 인간의 추락에도 불구하고 이 처음은 단연코 그대로 있다. 그

---

40 창세 3,23 이하.
41 창세 3,24.
42 맹인 디디무스 『창세기 주해』 7,16,9 이하.
43 마태 19,8.

러므로 사람들의 "모진 마음 때문에" 율법이 일시적으로 허락한 것이라도, 하느님이 "처음부터" 하나로 결합하신 것을 인간이 갈라놓아서는 안 된다.[44] 그래서 모세 율법을 대체할 수 있는 절대적 권위를 지니신 말씀은, 당신 스스로 분명히 밝히듯이, "처음에 하느님과 함께 계셨고"[45] 하느님 아버지의 처음 뜻이요 그분의 참된 뜻과 완벽히 하나다.

그리스도인이 예배드리기 위해 동쪽을 향할 때, 그의 마음의 눈에 '본향'인 천국이 들어온다. 그곳에서 그는 참으로 자기 자신이 되고, 창조주와 완벽히 조화롭게 지내며, 자기 동료들과 자기 자신과 주위의 피조물과 조화를 이루면서 하느님과 얼굴을 맞대고 이야기한다. 그는 '생명의 나무'를 바라보며 십자가 위에서 돌아가신 그리스도를 통해 더는 생명의 나무에서 배제되지 않는다. 기도를 드리기 위해 예부터 벽 위에 십자가를 걸어서 동쪽 방향을 표시해 온 것은 바로 이 때문이다. 그러므로 기도의 이 방향은, 니사의 그레고리우스가 깊이 있게 설명하듯이, 주님의 기도에 담긴 죄의 용서를 위한 청원의 온전한 구원론적 깊이를 기도하는 사람에게 일깨워 준다.

그러므로 우리가 기도를 드리면서 (동쪽을 향해) 바라보며 밝고 복된 동쪽 장소들로부터의 추락을 깊이 회상할 때, 우리는 이 말씀을 자연스럽게 이해할 수 있다. "우리도 빚진 이들을 용서했듯이, 우리 빚을 용서하소서. 우리를 유혹에 빠지지 않게 하시고, 악에서 구하소

---

44 마태 19,4-6.
45 요한 1,2.

서."⁴⁶

우리가 스스로 초래한 이 "빚"은 아담의 근원적인 빚(원죄)에 뿌리박고 있으며, 오직 그리스도의 십자가만 이 빚에서 우리를 구원해 주실 수 있었다.⁴⁷ 이러한 성찰은 교부들이 동쪽을 향해 기도드리는 고대의 관습을 제시한 두 번째 구원사적 이유를 우리에게 알려 준다. 곧 하느님의 본디 창조적 뜻은 바로 그리스도의 구원 활동 안에서 종말론적 실재가 된다는 것이다. 풍부한 신학 전통을 물려받은 다마스쿠스의 요한은 정통 신앙을 요약하면서 구원 역사의 전체 궤적을 되새긴다.

우리가 동쪽을 향해 예배드리는 것은 이유가 없거나 우연 때문이 아닙니다. 우리는 가시적 본성과 비가시적 본성, 곧 감각적 본성과 영적 본성으로 구성되어 있기 때문에 창조주께 이중의 예배를 드리는 것이다. 우리가 마음과 신체의 입술을 사용하여 시편을 노래하는 것과 마찬가지로 우리는 물과 영으로 세례를 받으며, 우리가 성사를 받고 성령의 은사를 받을 때 우리는 두 가지 방식으로 주님과 결합된다. 하느님은 영적 "빛이시고"⁴⁸ 그리스도는 성서에서 "의로움의 태양"⁴⁹이라 불리시기에 태양이 뜨는⁵⁰ 동쪽은 그분께 예배드리는 데 제격이다. 아름다운 모든 것은 선한 모든 것이 그의 선함을 받는 하느님께 봉헌되는 것이 마땅하기 때문이다. 거룩한 다윗도 "세상의 나라

---

46   니사의 그레고리우스 『주님의 기도』 5.
47   콜로 2,14.
48   1요한 1,5.
49   말라 3,20.
50   루카 1,78 공동번역 참조.

들아, 하느님께 노래하여라. 주님께 찬미 노래 불러라. 그분은 동쪽에서 하늘들의 하늘로 오르시네"[51]라고 한다. 또한 성서는 "주님께서는 동쪽에 있는 에덴에 동산 하나를 꾸미시어, 당신께서 빚으신 사람을 거기에 두셨다"[52]고 하며, 그가 명령을 어기자 주님께서 그를 내쫓으시고 "기쁨의 동산의 반대쪽에 살게 하셨다"[53]고 한다. 기쁨의 동산 반대쪽은 곧 서쪽이다.[54] 이렇듯 우리가 하느님을 섬길 때에는 우리의 옛적 본향을 그리며 동쪽을 바라본다. 모세의 천막에는 휘장과 속죄판이 동쪽에 있었고,[55] 다른 지파들보다 명예롭게 여겨지는 유다 지파는 그들의 천막을 동쪽에 세웠으며[56] 그 유명한 솔로몬의 성전에서 주님의 문은 동쪽에 있었다.[57] 실제로 주님께서 십자가에 못 박히셨을 때, 그분께서는 서쪽을 바라보셨다.[58]

그래서 우리는 그분 쪽을 바라보며 예배를 올린다. 그리고 주님께서는 하늘로 올라가실 때에 동쪽에서 올라가셨다.[59] 그래서 사도들은

---

[51] 시편 67,33-34 칠십인역.
[52] 창세 2,8.
[53] 창세 3,24 칠십인역.
[54] 이 부분은 히브리어 본문과 그리스어 본문에서 추론할 수 있다.
[55] 참조: 레위 16,14-17.
[56] 민수 2,3.
[57] 1역대 9,18.
[58] 루카 23,45("해가 어두워진 것이다")에서 추론할 수 있다. 여기에서 '어두워진 해'는 그리스도이신 "의로움의 태양"이 서쪽을 마주하고 돌아가시어 저승에 가셨다는 것을 암시한다. 참조: 아타나시우스『시편 해설』67,5(칠십인역). 아타나시우스는 "서쪽으로 가시는 분"을 "저승으로 내려가신 분"으로 해석한다. 또한 참조: 아타나시우스『선집 2』581.
[59] 참조: 아타나시우스『시편 해설』67,35["앞 절(시편 67,5)에서 그리스도의 고통과 저승에 내려가신 것을 선포했으므로, 이제 천국으로 올라가신 것도 선포한다. 그러나 '동쪽'이라는 말은 비유적 방식으로 쓰였다. 태양이 일몰에서 일출로 떠오르듯이 주님은 저승 깊은 곳에서 천국에 오르셨다"]. 또한 참조: 에바그리우스『시편 발췌 주해』67,34,21(에페 4,10을 언급).

그쪽으로 그분께 경배했고, 그분께서는 그들이 그분께서 하늘로 오르시는 것을 본 것과 똑같은 식으로 그쪽에서 오실 것이다.[60] 주님께서는 "동쪽에서 친 번개가 서쪽까지 비추듯 사람의 아들도 그렇게 올 것이다"[61]라고 말씀하신 바 있다. 그래서 우리는 그분을 기다리는 동안 동쪽을 향해서 그분께 예배를 드린다. 게다가 이것은 사도들의 구두 전승이기도 한데, 그들은 글로 쓰이지 않은 많은 것을 우리에게 전해 주었다.[62]

첫눈에는 동쪽을 향해 예배드리는 (글로 쓰이지 않은) 사도적 관습에 대한 증거 본문 모음처럼 보이지만, 자세히 살펴보면 성서적·교부학적 원천을 끌어들여 이 주제를 신학적으로 깊이 숙고했다는 것이 드러난다.

다마스쿠스의 요한은 일반적인 진술로 시작한다. 인간의 이중적 본성, 곧 육체적-감각적 본성과 지성적-영적 본성은 또한 이중의 예배를 요구한다. 이 사상은 아마도 오리게네스에게서 가져왔을 것이다. 기도의 내적·영적 태도는 기도하는 사람의 자세 안에서 기도에 상응하는 적합한 표현을 요구한다.[63] 예배하는 그리스도인이 영 안에서 주님께 향할 때에는 필히 몸 안에서도 적합한 방식으로 드러나야 한다.

---

60 사도 1,11.
61 마태 24,27.
62 다마스쿠스의 요한 『신앙 해설』 4,12.
63 오리게네스 『기도론』 31,2.

다마스쿠스의 요한은 이러한 일반적인 진술을 한 다음에 '성서적 증거'로 향한다. 성서에 나오는 '빛'과 '새벽'은 하느님과 그리스도를 가리키는 은유이며, 동방 또는 동쪽은 하느님께 예배드리기 위해 봉헌된 방향이다. 우리는 이러한 사상을 이미 위-유스티누스에게서 보았다.

다음에는 좁은 의미의 구원사가 뒤따른다. 곧, 동쪽에 있는 에덴동산 이야기와 '천국 반대편' '서쪽'으로 추방된 이후 아담의 정착에 관한 이야기다. 구약에서 동쪽은 선호하는 방향으로 다양하게 반복해서 나온다. 요한은 성막의 배열과 이스라엘 지파들이 진영을 친 순서, 솔로몬 성전을 언급한다. 더욱이 여기에서 그리스도 교회들의 건축 양식에 담긴 상징을 추론하는 것은 어렵지 않다.

구약의 성취이자 완성으로서 신약이 '동쪽으로 향하는 것'의 상징적 의미를 구약에서 채택한 것은 논리적이다. 다마스쿠스의 요한은 십자가 처형과 승천 및 그리스도의 두 번째 도래를 언급한다. 그는 이 단락 앞 구절에서 이미 그리스도의 탄생을 암시했다: 그리스도는 예언자들이 약속했던 떠오르는 '의로움의 태양'이다. 메시아 탄생의 표지로 해석된[64] '야곱의 별'[65]에 대한 예언자적 약속을 기억하면서 점성술사들이 보았던 '동쪽의' 별을 떠올려 보라.

다마스쿠스의 요한이 그 장 전체에서 조심스럽게 기록하고 있듯이, 동쪽을 향하는 동안 하느님께 예배드리는 전통, 글로 쓰이지 않은 이 사

---

64 마태 2,1 이하.
65 민수 24,17.

도적 전통은 상호 보완적인 다양한 구원사적 근거들을 지니고 있다.

게다가, 아름다운 모든 것은 아름답고 선한 모든 것을 지으신 하느님께 봉헌되어야 하기에, 그리고 일출은 의심의 여지 없이 가장 아름다운 모습 중 하나이기에 하느님께 예배드리기 위해 따로 배정해 두어야 한다. 뒤에서 살펴보겠지만, 비그리스도인들도 제기했던 '우주적' 논쟁이 있으니, 왜 동쪽은 그리스도교 이전 시대와 비성서적 전통에서도 특별한 자리를 차지하는가 하는 문제다. 그러나 그리스도 안에서 충만한 계시가 풍성한 방식으로 유대인이 아닌 성서적 인간, 곧 그리스도인에게 주어졌기에, 구원 역사는 그리스도인에게 '동쪽으로 향하는 것'의 전체 신학적 깊이를 밝혀 주는 것이다.

그리스도인은 천국에서 추방된 이래 추구해 왔던 '옛 본향'을 고려해서 동쪽을 향해 하느님께 예배드리며, 이와 동시에 십자가에 못 박히신 분을 향한다. 그분은 당신의 죽음과 부활을 통하여 우리를 위해 본향의 문을 다시 열었고, 돌아가실 때에 암시하셨듯이[66] 우리보다 앞서 그곳에 가셨다. 그곳에서부터, 결국 처음부터 우리는 영광 속에 다시 오실 우리의 주님을 기다리고 있으니, 그분은 오셔서 약속하신 구원을 완성하실 것이다.

기도할 때 동쪽을 향하는 것에 대한 신학적 해석의 무게와 깊이는 현대인들에게도 깊은 인상을 줄 것이다. 특히, 이 주제에 관해 논의해 온

---

[66] 참조: 루카 23,43.

것 외에도, 이 해석이 그리스도인의 정체를 결정짓는 세례 사건의 상징에 뿌리를 두고 있다는 사실을 깨달을 때 더욱 그러하다. 이 최종적이고 성사적인 근거가 신앙인의 실존에 곧바로 영향을 미치기 때문이다. 구원 역사에서 전체 인류에게 부여된 것이 성사 안에서는 완전히 개인적인 방식으로 나에게 부여된다.

그러므로 만일 당신이 사탄에 저항하고 그와 맺은 모든 계약을 짓밟으며 지옥과 맺은 옛 조약을 파기한다면, 하느님께서 동쪽을 향해 가꾸신 하느님의 천국이 당신에게 열릴 것이다. 우리의 첫 조상은 범죄를 저질러서 그곳에서 추방당했다. 그리고 당신이 서쪽에서 빛의 영역인 동쪽으로 돌아선 것은 이에 대한 상징(σύμβολον)이었다.[67]

교부들의 마음속에서는 '동쪽'과 그리스도가 아주 가까웠다. 그래서 암브로시우스는 같은 맥락에서, 세례를 받은 사람이 서쪽에서 동쪽으로 돌아서는 고대 세례식의 관습과 관련해 이렇게 명료하게 말할 수 있었다. "악마와 의절하고 그리스도를 향해 돌아서는 사람은 그분을 직접 본다."[68]

그리스도인이 언제든 기도하기 위하여 주님의 현존에 자신을 맡길 때면, 비록 이것이 항상 명시적으로 표현되지 않거나 의식적으로 언급되지 않더라도, 그는 악에서 돌아서서 동쪽으로 향하는 행위를 통해 세례 때 최종적으로 수행한, 삼위일체이신 하느님에 대한 고백을 새롭게

67 예루살렘의 키릴루스『신비 교리교육』1,9.
68 암브로시우스『신비론』7.

한다.[69]

지금까지 논의한 내용을 고려한다면, 신앙인들이 좋아하는 다른 모든 습관들은, 그것들이 자체로 어떤 의미를 지니고 얼마나 상징적인가 하는 것과는 무관하게, 기도 중에 '동쪽을 향하는 것'만큼 중요하지는 않다. 그래서 오리게네스는 이렇게 쓰고 있다.

기도하는 동안 우리가 마주해야 하는 방향에 대해 조금 더 말해야 할 것이 있다. 네 방향, 곧 북쪽과 남쪽, 해가 지는 쪽과 뜨는 곳이 있기 때문에, 일출을 마주하는 방향이 분명히 가리키는 바는, 더 이상 논의할 필요도 없이, 마치 영혼이 '참된 빛이 뜨는 곳'[70]을 바라보듯이 상징적으로 일출을 향하는 동안 기도를 드려야 한다는 것을 의미하니, 누가 이를 인정하지 않을 것인가?

그러나 만일 누군가 자기 집의 문을 열 때 어떤 방향으로 집의 문이 열리는지는 무관하게 하늘의 전경이 벽을 응시하는 것보다 훨씬 매혹적이라고 생각하면서 (하느님 앞에) 자신의 청원을 드린다면, 그리고 만일 실제로 우연히도 그 집의 동쪽 면에 출구가 없다면, 그는 이런 답변을 들을 것이다: 사람들의 거주지는 관례상(θέσει) 이런 또는 저런 방향을 향해서 열려 있지만, 동쪽은 본성상(φύσει) 다른 방향들보다 우선한다. 따라서 본성적인 것이 관례적인 것보다 선호되어야 한다. 그러나 밖에서 기도하길 원하는 사람은, 신중하게 숙고한

69　이와 관련된 십자성호에 대해서는 참조: 본서 I,6. "날마다 제 십자가를 지고 …".
70　참조: 루카 1,78("태양을 뜨게 하시어") 공동번역; 요한 1,9("참된 빛").

뒤, 서쪽을 마주하기보다는 동쪽을 마주하면서 기도를 드릴 것이라는 것 또한 진실이지 않겠는가? 합당한 이유로 동쪽이 선호되어야 한다면 우리는 왜 모든 곳에서 이런 방식으로 진행하지 않는 것인가?[71]

유대인이건 이교인이건 고대인은 실제로 하늘을 향해서 기도하는 관습이 있었다. 이에 대해서는 뒤에서 살펴보겠다.[72] 소중했던 이 관습이 그리스도인에게는 '동쪽을 향하는 것'으로 대치되었는데, 필요할 경우에는 아무것도 없는 벽 앞에 서는 것을 감수하면서도 그렇게 했다. 오리게네스의 진술은 아주 명확하다: 기도하는 장소와 자세를 선택하는 일은 때때로 상황에 맞출 수 있지만, 기도하는 방향은 그렇지 않다. 동쪽을 향함으로써 다른 모든 방향이 배제된다.[73] "어떤 상황에서든 (그 방향을) 바라보아야 한다."[74] 교회 전통의 근거들이 모든 사람에게 알려지지 않더라도 이를 지켜야 한다.[75] 오리게네스는 여기에서 '참된 빛의 새벽'을 언급하면서 교회 전통의 근거를 암시할 뿐이지만, 그럼에도 그 근거들은 후대 교부들이 언급하는 것과 본질적으로 동일했다.

더욱이 교부들은 다른 세 방향보다 동쪽을 선호한다는 것에 대해 잘 알고 있었고, 기도를 드리면서 동쪽을 향하는 것은 성서적 계시 밖에서도 입증된다. 교부들이 이러한 조화를 끌어내 해석하는 방식은 세계

71 오리게네스『기도론』32.
72 참조: 본서 IV,3. "하늘에 좌정하신 분이시여 …".
73 오리게네스『민수기 강해』5,1.
74 오리게네스『기도론』30,1.
75 오리게네스『민수기 강해』5,1.

의 다양한 종교들이 만나는 시대에도 재고할 가치가 있다.

그래서 가장 오래된 고대의 성전들도 서쪽을 마주보고 있으니 이는 신상 맞은편에 서 있는 사람들을 동쪽으로 향하도록 인도하기 위함이다.[76]

이방 민족들이 신성을 모독하는 바벨탑을 짓기 시작했을 때 그들은 '영원한 빛의 광채'[77]에서 떨어져 제멋대로 움직였고, 그때까지 공통으로 쓰던 언어를 상실하고 하느님의 형벌을 받았다.[78] 오직 이스라엘만이 '동쪽'에서 벗어나지 않았고, 그래서 자신의 '본디 언어', '동쪽의 언어'를 유지했다. 이는 또한 오리게네스가 깊이 있게 설명하듯이,[79] 모든 민족 중에서 이스라엘 홀로 '주님의 몫'[80]이 된 이유이기도 하다.

이방인들은 인식하지 못했지만, 신성한 교육자께서는 그들이 우상을 숭배하는 중에도 그들을 '동쪽'을 향해서, 곧 그들의 참된 '기원'(ἀρχή)으로, '어둠 속에서 빛이' 처음 퍼져 나간 곳[81]으로 인도하셨다. 다시 말해서, '의로움의 태양'[82]이신 그리스도께서는 '어둠 속에 앉아 있는 백

---

76 알렉산드리아의 클레멘스 『양탄자』 7,43,7.
77 지혜 7,26.
78 참조: 창세 11,1 이하.
79 오리게네스 『켈수스 반박』 5,29 이하.
80 신명 32,9.
81 참조: 2코린 4,6.
82 말라 3,20.

성'83'을 위해 마치 태양처럼 진리라는 지식의 빛을 일으키신다.[84]

그렇다면 기도를 드리면서 '동쪽을 향하는 것'이 시대착오적인 부차적 사안이라고 감히 누가 주장할 수 있겠는가? 무슬림은 자기가 있는 방의 구조와 무관하게 왜 항상 메카를 향해서 기도하며 절하는지 스스로 아주 잘 알고 있지 않은가? 그리고 선사들에게는 인격적 '타자'를 향해 기도한다는 생각 자체가 아주 낯설기 때문은, 명상 중에 '동쪽으로 향하는 것'이 전혀 필요하지 않다.

이제 바야흐로 서방의 그리스도인들에게도, 동쪽을 향하여 기도하는 관습을 결코 버리지 않았던 동방의 그리스도인들처럼, 다시 의식적으로 "아버지께서 당신 안에 계신"[85] '의로움의 태양'이신 그리스도를 향하여, 곧 문자 그대로 '동쪽'을 향하여 기도드릴 때가 되지 않았는가? 그렇게 한다면 하느님과 인격적 관계를 유지하면서 오직 하느님과의 일치 속에서만 누릴 수 있는 지복을 더욱 쉽게 다시 체험할 수 있을 것이다.

결국 이 순수한 형태의 일치는 그리스도와 당신 아버지의 일치를 통해서 가능해지는 일치이다. 실제로 예수께서는 이렇게 기도하셨다. "아버지, 아버지께서 제 안에 계시고 저 또한 아버지 안에 있듯이 그들 또

---

83 참조: 마태 4,16.
84 알렉산드리아의 클레멘스 『양탄자』 7,43,6.
85 에바그리우스 『시편 발췌 주해』 18,5,2.

한 우리 안에 있게 하소서."⁸⁶ "제가 그들 안에 있고 아버지께서 제 안에 계십니다. 이는 그들이 완전히 하나가 되도록 하려는 것입니다."⁸⁷ 예수님의 기도는, 영적으로 그리고 육체적으로 자신의 얼굴을 동쪽으로 향하는 것이 정확히 주님께 향하는 것임을 우리에게 상기시켜 준다. 이 관습의 의미를 이해하고 의식적으로 실천하는 곳에서는, 오늘날 그 어느 때보다도 위협적인 허무한 증발이라는 위기에서 그리스도인들을 보호해 줄 것이다.

3. 하루에도 일곱 번 당신을 찬양합니다⁸⁸

우리는 우리의 육체적·영적 실존의 모든 국면을 결정하는 시간과 공간에 불가피하게 매여 있다. 그러므로 기도드리기 위한 적절한 장소는 오리게네스가 밝히듯 '적합하고 알맞은 시간'만큼이나 중요하다.

우리가 경험하는 시간은 해와 달의 움직임이 결정하는 규칙적인 과정의 연속이다. 연속되는 이 과정들 중 일부는 순환적으로 반복되지만, 전반적으로 우리의 일생은 끝을 향하여 직선적으로 나아간다. 영성 생활의 신비 중 하나는 우리 삶의 리듬에 적응하는 규칙성이다. 모든 수작업이나 기술이 그러하듯이, 훌륭한 피아니스트가 되기 위해서 가끔씩만 피아노를 연주하는 것으로는 충분하지 않다. "연습이 대가를 만

86　에바그리우스 『편지 62통』 7,52-54(요한 17,21에서 인용).
87　요한 17,23.
88　시편 119,164.

든다"는 말은 기도에도 그대로 적용된다.

거룩한 교부들이 마음에 두고 있는 '실천하는 그리스도인'이란, 주일의 의무를 어느 정도 충실하게 이행하는 사람이 아니라, 평생 동안 날마다 수차례 기도드리는 사람이다. 다시 말해 식사와 수면, 숨쉬기 등 삶에 필요한 여러 기능을 규칙적으로 수행하듯이 자신의 신앙을 규칙적으로 실천하는 사람이다. '영적 활동'은 오직 끊임없는 실천(수행)을 통해서만, 방금 언급한 기능들처럼, 자명하게 보이는 자연스러움에 이를 수 있다.

성서의 인간에게 규칙적으로 개인 기도를 드리고 공동 기도나 성전 의례에 참여하는 것은 당연한 일이었다. 다니엘은 바빌론에서 유배 중이었기 때문에 예루살렘을 향해 매일 세 번 무릎을 꿇고 하느님께 기도드렸다.[89] 이는 아마도 신심 깊은 유대인들의 보편적인 관습이었을 것이다. 시편은 이러한 실천을 암시하는 구절들로 가득하다.

기도를 드리는 데 선호했던 시간은 분명히 이른 아침[90]과 저녁[91] 또는 밤,[92] 곧 하루 중 고요한 시간대였다. 앞서 보았듯이 혼자 기도를 드리기 위해 물러나셨던 그리스도께서 특별히 좋아했던 시간이기도 하다.

---

89 다니 6,11.14.
90 시편 5,4; 59,17; 88,14; 92,3.
91 시편 55,18; 141,2.
92 시편 77,3.7; 92,3; 119,55; 134,2.

아침과 낮과 저녁에 하루 세 번 기도를 드리거나,[93] 제3시(오전 9시)와 제6시(정오)와 제9시(오후 3시)에 기도를 드리는 것은 이미 초기 그리스도인들의 규칙이었다.[94] 고대 교부들은 이 규칙이 사도들에게서 온 것으로 이해했으나, 다니엘의 예에서 알 수 있듯이, 사도들은 단지 유대교 관습에 충실했던 것으로 보인다. 그래서 예컨대 테르툴리아누스는 서기 200년과 206년 사이에 이렇게 쓰고 있다.

> 기도하는 시간과 관련해서 우리에게 내려진 처방은 '언제나'[95] 그리고 '어디서나'[96] 기도를 드리는 것 외에 아무것도 없다.[97]

테르툴리아누스는, "어디서나" 기도를 드리는 실천이 마태오 복음서 6장 5절의 말씀과 모순되지 않도록, (그리스도인들이) 적절하게 필요에 맞추어 "어디서나"라는 구절을 이해할 수 있길 바랐다. 그는 논의를 계속 이어 간다.

> 그러나 시간과 관련해서 보자면, 특정한 시간을 외적으로 지키는 일은 피상적이 되지 말아야 한다. 하루의 주요 부분으로 지정되는 공동의 시간들, 곧 제3시와 제6시와 제9시는 성서에서도 특별한 시간으로 언급된다. 성령은 제3시에 모인 제자들에게 처음 강림한다.[98]

93　시편 55,18.
94　『열두 사도들의 가르침』 8,3.
95　루카 18,1.
96　1티모 2,8.
97　테르툴리아누스 『기도론』 23.
98　사도 2,15.

베드로는 (유대계 그리스도인과 이방계 그리스도인 사이의) 일치에 대한 환시를 본 날 제6시경에 기도하러 지붕으로 올라갔다.[99] 또한 이 사도는 요한과 함께 제9시경에 성전으로 갔고 그곳에서 앉은뱅이를 고쳐 주었다.[100]

테르툴리아누스는 사도들의 이런 관습을 구속력이 있는 규칙으로 보지 않지만, 이 기도 시간들을 준수함으로써 '고정된 형식'으로 기도를 드리는 게 좋다고 여긴다. 그러므로 그리스도인이라면 "권고하지 않더라도 낮과 밤이 시작될 때 당연히 드려야 하는 의무적인 기도 외에도, 하루에 적어도 세 번은 하느님께 기도를 드려야 한다. 그리스도인은 거룩한 삼위이신 성부와 성자와 성령께 빚을 지고 있기 때문이다".[101] 이렇게 우리는 매일 다섯 번의 기도 시간을 가지게 되었고, 그리스도인들에게서 이 관습을 받아들인 무슬림들은 오늘날에도 여전히 이를 지키고 있다.

"적어도 세 번"이라는 구절은, 이 고정된 기도 시간의 의미가 단지 이 시간에만 기도를 드린다는 뜻이 아님을 분명히 가리킨다. 그 시간이 아침이든 저녁이든 하루 다섯 번이든, 심지어 후대에 관습이 된 것처럼 "하루에도 일곱 번"[102]이든 마찬가지다.

99　사도 10,9.
100　테르툴리아누스『기도론』25 (사도 3,1 참조).
101　같은 곳.
102　시편 119,164.

비록 몇몇 사람들이 기도를 드리기 위해 제3시와 제6시와 제9시 등 특정한 시간을 배치하더라도, 영지자(Gnostiker)는 이를 거슬러 자기 생애 내내 기도를 드린다고 말해야 할 것이다. 왜냐하면 영지자는 기도를 통하여 하느님과 일치하려고 노력하는 사람, 곧 여기 아래에서(세속에서) 사랑 안에서 인간적으로 완전한 성숙에 이미 도달한 사람으로서, 거기에서(하느님과 일치하는 영적 상태에서) 자신에게 불필요한 모든 것을 포기했기 때문이다. 그러나 같은 기도를 바치는 것으로 지정된 세 시간대의 구분 역시 거룩한 거주지의 복된 삼위를[103] 아는 사람들에게는 낯설지 않다.[104]

그리스도교적 '영지자'의 이상, 곧 하느님에 대한 참된 앎으로 축복받은 관상적 영혼의 이상은 조직적인 수도승 생활이 전개되기 훨씬 전에 알렉산드리아의 클레멘스가 체계적으로 묘사했고, 뒷날 성 안토니우스의 제자들이 이 이상을 수용했다. 사막 사부들은 밤의 시작과 끝에 드리는 두 차례의 고정된 기도 시간에 대해서만 알고 있었고 그마저도 특별히 길지 않았다. 그들은 나머지 낮 시간과 적지 않은 밤 시간 동안에도 언제나 기도에 마음을 쓰기 위해 결정적 방법을 사용했는데, 이에 대해서는 뒤에서 살펴보겠다. 팔레스티나 수도승들에게는 고정된 기도 시간이 훨씬 많았다. 예를 들어 팔레스티나 출신인 살라미스의 주교 에피파니우스는 시편에 산재한 암시들로부터 일곱 차례의 기도 시간을 이끌어 낸다.

---

103 참조: 알렉산드리아의 클레멘스 『양탄자』 6,114,3.
104 같은 책 7,40,3-4.

[살라미스의 에피파니우스가] 말했다. 예언자 다윗은 "새벽부터 일어나"[105] 기도드렸고 "한밤중에"[106] 찬송하러 일어났으며 "아침부터"[107] [하느님께] 청을 올리고 "야경꾼보다 먼저 깨어"[108] 묵상하며 "저녁에도 아침에도 한낮에도"[109] 간청했다. 그래서 그는 "하루에 일곱 번 당신을 찬양합니다"라고 했던 것이다.[110]

그럼에도 그의 이상은 본질적으로 시편들에서 발견되는 '끊임없는 기도'였다. 결국 시편 저자는 "낮이고 밤이고"[111] 하느님께 호소했으며, "그분의 가르침을 밤낮으로"[112] 묵상하고 있다는 것, 곧 끊임없이 기도를 드린다는 것을 독자들에게 분명히 하고 있다.

키프로스 [살라미스]의 주교 복된 에피파니우스는 팔레스티나에 수도원을 소유하고 있었다. 어느 날 그 수도원의 아빠스가 전갈을 보냈다. "주교님의 기도 덕분에 우리는 정해진 규칙을 소홀히 하지 않았을 뿐 아니라 제1시, 제3시, 제6시에 드리는 기도에 더하여 저녁 기도까지 열심히 드리고 있습니다." 그러나 에피파니우스는 이런 말로 질책했다. "여러분이 정해진 시간에만 기도드린다면 하루의 다른 시간들을 소홀히 한 것이 분명합니다. 참된 수도승은 자기 마음속에

---

105 시편 119,147.
106 시편 119,62.
107 시편 5,4.
108 시편 119,148.
109 시편 55,18.
110 『사막 교부들의 금언』 에피파니우스 7. 마지막 인용문은 시편 119,164.
111 시편 32,4.
112 시편 1,2.

'끊임없이'[113] 기도와 시편을 품고 있어야 합니다.[114]

낮과 밤에 배분되어 고정된 기도 시간을 지키는 일은 어느 정도의 자기 수련이 필요하며, 충실하지 못한 우리의 마음이 시간의 강을 건널 수 있도록 다리를 세운다는 기본적인 목적에 기여한다. 마음은 이러한 수행을 통하여 모든 예술가나 장인에게 반드시 필요한 능숙하고 편안한 움직임을 습득한다. 물론 이런 연습이 부분적으로는 단순하게 반복되는 '정례적인 일'이지만 목공예나 바이올린 연주, 축구 경기 등 다양한 분야에서 정말로 중요한 기술을 익히는 데 꼭 필요하다.

기도를 드리는 일도 마찬가지다. '참된 기도'의 스승 에바그리우스가 확언하듯이, 기도란 실제로 "우리 마음의 지고한 지적 활동"으로,[115] "마음의 품위에 어울리는 활동, 곧 마음을 가장 잘 그리고 참되게 사용하는 활동"이기 때문이다.[116] 훈련을 잘하면 할수록 움직임은 더욱 완벽하고 자연스럽게 보일 것이고, 우리가 이 영적 활동에서 체험하는 기쁨도 더욱 커질 것이다.

그러나 다른 모든 기술과 마찬가지로, 기도를 매일 실천하는 동안에 때때로 극복해야 할 독특한 내적 저항이 있다. 최악의 적수는, 심지어 여가 시간을 충분히 누렸을 때에도 생기는, 종종 정의 내리기 아주 어

---

113   1테살 5,17.
114   『사막 교부들의 금언』 에피파니우스 3.
115   에바그리우스 『기도론』 35.
116   같은 책 84.

려운, 어떤 권태이다.

교부들에게도 매우 잘 알려진 이런 저항의 상태는 때로 너무도 강해서 수도승이 더는 시간경을 드릴 수 없는 정도까지 이끌 수 있다. 만일 수도승이 여기에 굴복한다면 그는 결국 자기 존재의 의미를 의심하는 지경에 이르고 만다. 이는 잘못이다. 왜냐하면,

> 이러한 싸움은, 자유의지를 시험하고 그 의지가 어디로 향하는지 볼 수 있도록, 마치 하느님에게서 버림받는 것처럼 발생하기 때문이다.[117]

그렇다면 무엇을 해야 하는가? 억지로 해야 한다. 만약 할 수만 있다면, 비록 시간경을 최소한으로 줄여서 시편 낭송 한 편, 영광송 세 번, 삼성송(거룩하시다) 한 번, 장궤 한 번만 바쳐야 할지라도, 어떤 경우든 지정된 횟수의 기도 시간을 지키기 위해서 의지력을 발휘해야 한다. 영적 억압이 지나치게 심하다면 마지막 수단을 사용해야 한다.

> 그대를 거스르는 이 싸움의 강도가 커진다면, 형제여, 그대의 입을 닫고 내가 앞서 설명한 방식으로도 시간경을 낭송하지 말라. 십자가에 경배하고 십자가 앞에 엎드리는 동안에도 혼자 일어서도록 스스로 강제하고, 그대의 암자에서 걸어 다니라. 그러면 자비로운 우리의 주님께서 [이 싸움이] 지나가도록 해 주실 것이다.[118]

117　요셉 하자야 『세 단계에 관한 편지』 S. 140.
118　같은 책 114.

언어가 모든 의미를 잃어버린 듯 보일 때 유일하게 남는 것은 신체의 동작이다. 이에 대해서는 뒤에서 상세히 다루겠다.

4. 복되어라, 깨어 있는 사람[119]

현대인은 주로 밤을 당연한 휴식 시간으로 여기는 것에 익숙하다. 그럼에도 만일 밤에 자발적으로 깨어 있다면, 낮에 마치지 못한 일을 해야 하거나 파티 등을 축하하기 때문인 경우가 많다. 성서의 인간과 거룩한 교부들도 다른 사람들처럼 분명히 잠을 잤다. 그러나 그들이 기도를 드리기 위해 선호했던 시간도 역시 밤이었다.

기도하는 사람이 낮뿐 아니라 밤에도 하느님의 가르침을 '되새기는'[120] 내용이 시편에는 얼마나 자주 나오는가. 그는 밤에도 하느님께 손을 벌려 기도하고[121] "하느님의 의로운 법규 때문에 한밤중에도 찬송하러 일어난다".[122]

이미 보았듯이 그리스도께서도 "기도하시려고 산으로 가시어 밤을 새우며 하느님께 기도"하시거나,[123] "이른 새벽 몹시 어두울 때에 일어나

---

119 묵시 16,15.
120 시편 1,2.
121 시편 77,3; 134,2.
122 시편 119,62.
123 루카 6,12.

서 밖으로 나가, 외딴곳으로 물러가서는 거기서 기도하셨다".[124]

그래서 주님께서는 당신 제자들에게도 "깨어 기도하시오"[125]라고 절박하게 권고하시고, 이에 대한 새로운 이유를 제시하신다. 사람의 아들이 "언제 올지 모르기 때문에"[126] 그리고 제자들이 잠으로 약해져서 "유혹에 빠지지 않도록"[127] 하기 위함이다.

잦은 밤샘을 증언하는[128] 사도도 우리에게 절박하게 권고하고 있다. "기도에 전념하시오. 감사하고 기도하며 깨어 있으시오."[129] 이렇게 기도하며 깨어 있음을 통해서 그리스도인을 세상의 졸린 자녀들과 구분하는 것은 아주 중요하다.

그러나 형제 여러분, 여러분은 어둠 속에 있지 않기에 그날이 여러분을 도둑처럼 덮치지는 않을 것입니다. 실상 여러분은 모두 빛의 자녀이며 대낮의 자녀입니다. 우리는 밤이나 어둠에 속하지 않습니다. 그러므로 우리는 다른 사람들처럼 잠자지 말고 깨어 있으며 정신을 차립시다. 잠자는 자들은 밤에 자고, 취하는 자들도 밤에 취합니다. 그러나 우리는 대낮에 속한 사람들로서 정신을 차려 믿음과

---

124 마르 1,35.
125 마르 14,38; 참조: 루카 21,36.
126 마르 13,33 및 병행구절.
127 참조: 마태 26,41 및 병행구절.
128 2코린 6,5; 11,27.
129 콜로 4,2; 참조: 에페 6,18.

사랑의 갑옷을 입고 구원에 대한 희망을 투구로 씁시다.[130]

초기 교회는 그리스도와 사도들의 모범을 곧바로 마음에 새겼고 그들의 가르침을 실천했다. 깨어 있기는 교회의 가장 오래된 관습 중 하나다. 특별히 초대 교회는 깨어서 준비했던 교회라고 할 수 있다.

여러분의 등잔불은 꺼지지 않게 하고[131] 여러분의 허리띠는 풀어지지 않게 하여[132] 준비하고 있으시오. 우리 주님께서 오시는 시간을 여러분은 모르기 때문입니다.[133]

참된 그리스도인은 보초를 서는 군인과도 같다. 기도는 '신앙의 성벽'이며, 사방에 매복해 있는 적들로부터 지켜 주고 그들을 공격하는 '신앙인의 무기'이다. 그러므로 신앙인은 '무기 없이는' 결코 앞으로 나아가지 않는다.

낮에는 보초를 서고 밤에는 깨어 있어야 한다는 것을 잊지 맙시다. 우리는 기도라는 무기를 갖춤으로써 총사령관의 깃발을 지킬 것이고, 기도를 드리면서 천사의 나팔 소리를 기다릴 것입니다.[134]

주님의 귀환을 기다리는 이러한 '종말론적 국면'은, 종종 극심한 박해

---

130 1테살 5,4-8.
131 참조: 마태 25,8.
132 루카 12,35.
133 『열두 사도들의 가르침』 16,1. 마지막 인용문은 마태 24,42.44.
134 테르툴리아누스 『기도론』 29.

를 받으면서도 신앙을 증언해야 했던 첫 그리스도인들로부터 내려와서, 스스로를 '그리스도의 군인'이라 여겼던 초기 수도승들에게로 이어졌다.

> 자기들의 아버지를 기다리는 참된 아들들처럼, 또는 왕을 기다리는 군대처럼, 또는 자기 주인이요 구원자를 기다리는 고결한 가정의 하인처럼 실제로 사막에 흩어져서 [살아가며] 그리스도를 기다리는 사람들을 우리는 볼 수 있다. 그들은 입을 옷에 관심을 기울이거나 먹을 음식에 대한 걱정을 전혀 하지 않으며, 오직 찬가를 [부르면서][135] 그리스도의 도래만을 고대한다.[136]

그들은 또한 주님의 도래를 고대하는 관점에서 자신들의 하루 전체 일과를 조직했다.

> 밤에 잠자는 것과 관련해서는, 일몰부터 기도 시간을 예상하면서 저녁이 시작될 때 두 시간 동안 기도하시오.[137] 그리고 하느님께 찬미를 드린 다음 여섯 시간 동안 잠을 자시오.[138] 그러고 나서 철야 기도를 드리기 위해 일어나 [해가 뜰 때까지] 나머지 네 시간 동안 기도 드리시오.[139] 여름에도 이를 똑같이 지켜야 하지만, 밤이 짧기 때문

---

135 참조: 에페 5,19.
136 『이집트 수도승 이야기』 서문 7.
137 대략 오후 6시부터 8시까지다.
138 저녁 8시부터 오전 2시까지다.
139 오전 2시부터 6시까지다.

에 시간을 단축하고 낭송 시편도 줄이시오.[140]

정확한 시계가 없던 시절이었기 때문에, 관행적으로 한 시간 동안 낭송할 수 있는 시편 구절의 수로 시간을 쟀다.[141] 밤의 절반인 여섯 시간 동안 잠자는 것은 아주 합리적인 기준이다.[142] 다만, 한밤중에 일어나기 위해서는 일정한 의지력이 요구됐다. 시간이 흐르면서 초기의 열정이, 심지어 성직자들 가운데서도, 점점 시들해졌다는 것은 놀라운 일이 아니다. 그래서 위대한 수덕가 안키라의 닐루스는 부제 요르다네스에게 아래처럼 준엄하게 권고한다.

> 만일 위대하신 통치자이신 그리스도께서 우리에게 밤을 새우고 기도하는 것을 가르치시려고 "밤을 새우며 기도하셨다"[143]면, 그리고 바오로와 실라스가 한밤중에 "하느님께 찬미가를 부르며 기도"[144]드렸고, 예언자가 "당신의 의로운 법규 때문에 한밤중에도 당신을 찬송하러 일어납니다"[145]라고 말한다면, 밤새 잠자고 코를 고는 그대가 어떻게 그대 양심의 단죄를 받지 않을 수 있는지 놀랍습니다! 그러므로 죽음의 잠을 쫓아 버리고 꾸준히 기도하고 시편을 낭송하는 데 전념할 수 있도록 마음을 정하십시오.[146]

140　바르사누피우스와 (가자의) 요한 『서간집』 146.
141　같은 책 147.
142　같은 책 158. 스케티스 사막에서는 밤의 3분의 1 분량, 곧 네 시간 정도 잠자는 것이 관습이었다. 참조: 팔라디우스 『에바그리우스의 생애』 D.
143　루카 6,12.
144　사도 16,25.
145　시편 119,62.
146　안키라의 닐루스 『서간집』 3,127.

밤을 새우며 기도하는 것이 분명히 교부들에게도 항상 쉬운 일은 아니었으며, 언제나 일정 정도의 의지력을 요구한다. 밤샘 기도는 그저 '본성의 정복'을 목표로 한 힘을 금욕적으로 시험하는 것이 결코 아니었다. 이러한 방식으로 잘못 다루어진 '본성'은 조만간 자체의 권리를 요구할 것이다.

성서의 인간과 교부들은 다양한 이유로 밤샘 기도를 높이 평가했다. 실제로 모든 그리스도인을 특징짓는, '주님을 대망待望'하는 종말론적 기다림에 대해서는 이미 언급했다. 종말론적 기다림은 끝없는 시간의 흐름에 고정된 목표를 제공함으로써 시간에 완전히 새로운 특성을 부여하며, 이 목표를 향하여 분투하는 삶 전체에 고유한 특징을 새겨 넣는다. '오늘을 위해 사는' 것과 "슬기로운 이들"[147]이 현명하게 시간을 보내며 불확실한 '주님의 날'을 의식하며 살아가는 것은 아주 다르다.

'깨어 있음'은 기도하는 그리스도인에게 '또렷한 정신'을 일으키며, 이 또렷한 정신은 잠에 취하고 어둠의 자녀들의 도취에 빠지는 것으로부터 그리스도인을 지켜 준다. 영을 거칠게 하는 수면과 반대로 영을 맑게 하는 또렷한 정신은 하느님을 관상하는 신비를 받아들일 수 있게 한다.

야곱처럼[148] 밤에 가축을 지키는 사람에게서는 잠이 달아납니다. 그가 잠시 잠들어도 이 잠이 그에게는 다른 누군가의 깨어 있음과 같

147　에페 5,15 이하.
148　참조: 창세 31,40.

은 것입니다. 불타는 그의 가슴의 불이 잠에 빠지지 않게 하기 때문입니다. 실로 그는 다윗과 함께 시편을 노래합니다. "죽음의 잠을 자지 않도록 제 눈을 비추소서."[149] (영적 깨어 있음이) 이 경지에 이르고 그 달콤함을 맛본 사람은 지금까지 논의한 것을 이해합니다. 그러한 사람은 육체적인 잠에 도취되지 않으며, 단지 본성적 잠만 이용하기 때문입니다.[150]

수도승 생활의 아버지 안토니우스가 한 말은 윗글에 나오는 '경지'와 '달콤함'의 의미를 암시한다. 요한 카시아누스는 압바 이사악에게서 이를 듣고 우리에게 전달해 주었다.

이제 참기도의 정서를 깨닫게 하려면 나의 소견이 아닌 복된 안토니우스의 가르침을 소개해야겠다. 우리가 아는 바와 같이 그는 가끔 기도를 오래 지속하다가 탈혼 상태에 들어가서 날이 밝을 때까지 기도하였다. 그때 햇빛이 비치기 시작하면 그가 "해야, 왜 나를 방해하느냐? 이 참된 빛의 영광에서 나를 떼어 놓기 위하여 뜨느냐?"라고 외치는 것을 우리는 가끔 들을 수 있었다.[151]

안토니우스의 제자인 이집트의 마카리우스를 통해서 에바그리우스가 실제로 확언하는 바는, 낮 동안에는 우리의 감각이 햇빛에 선명하게 보이는 것들에 이끌려 정신을 산란하게 하기 때문에, 우리의 영이 낮

---

149 시편 13,4.
150 바르사누피우스와 요한 『서간집』 321.
151 요한 카시아누스 『담화집』 9,31.

에 명료한 영적 세계를 보기가 쉽지 않다는 것이다. 그러나 영이 밤에 기도 시간 중에 영적 세계가 스스로를 열어 보일 때에는 완전히 빛에 휩싸인 채 그 세계를 볼 수 있다.[152] 에바그리우스 자신은 밤을 새우며 한 예언서를 묵상했을 때 그러한 영적 세계의 계시를 받았다.[153]

오늘날 엄격한 관상 수도회의 구성원들은 여전히 "깨어 기도하는" 거의 유일한 사람들이다. 그들은 한밤중에 일어나 공동체 시간경을 바친다. 분초를 다투는 빡빡한 일정에 지배당하는 현대인의 생활 리듬은 이러한 관습에 전혀 호의적이지 않다. 반면 고대인의 삶은 훨씬 평화로웠다. 일출(오전 6시경)과 일몰(오후 6시경) 사이의 하루는 각각 세 시간 간격으로 나뉘어 있던 까닭에 고대의 전통적인 기도 시간은 제3시와 제6시와 제9시, 곧 오전 아홉 시, 낮 열두 시, 오후 세 시이다.

요즘 같은 시대에는, 심지어 대다수 수도승들조차, 더 적은 시간 기도를 바치는 것으로 만족해야 한다. 그럼에도, 그리스도의 모범과 위에서 인용한 가자의 은수자 요한이 편지에서 진술한 규칙은 위기에 처한 것이 무엇인지 그리고 어떻게 오늘날에도 여전히 "깨어서 기도"할 수 있는지 분명히 알려 준다. 그리스도께서도 매일 밤을 기도를 드리며 보내기는 어려웠을 것이다. 그러나 그분은, 시편을 낭송하는 독실한 영혼처럼, 일몰 후 늦은 저녁이나 "이른 새벽 몹시 어두울 때에" 홀로 기도를 드리기 위해 물러나곤 하셨다.

---

152 에바그리우스 『영지에 관한 문제들』 5,42.
153 팔라디우스 『에바그리우스의 생애』 J.

일반적으로 교부들이 기도를 드리기 위해 예약해 두었던 시간도 바로 이 시간들이다. 각 개인은 자신의 체험과 영적 성숙도에 따라서 기도의 횟수와 시간을 결정해야 할 것이다. 어떤 경우든 한 가지는 분명하다. 깨어 있으려는 노력 없이는 어느 누구도 영적으로 또렷한 정신을 얻지 못한다는 사실이다. 시나이의 수도승 헤시키우스는 깨어 있는 이 또렷한 정신을 과하다 싶을 정도로 찬양하고 있다.

> 우리의 하느님이신 그리스도, 당신으로 말미암아 훨씬 나아지고, 지극히 겸손한 깨어 있는 인간 지성이 추구하는 정신, 실로 이 또렷한 정신은 과연 얼마나 선하고 사랑스러우며, 빛나고 대단히 즐거우며, 아름답고 영광스러우며 우아한 덕입니까! 깨어 있는 또렷한 정신은 "그 줄기들을 바다"와 관상의 심연까지, 그리고 기쁨을 주는 하느님 신비의 "강까지"[154] 그 햇순들을 뻗어 가게 합니다.
>
> 깨어 있는 또렷한 정신은 하느님께서 머무르시고 천사들이 오르내리는 야곱의 사다리와 같습니다. 우리에게서 모든 악을 제거해 주기 때문입니다. 깨어 있는 또렷한 정신은 실로 요설과 비방과 중상모략과 감각적 악을 전부 잘라 버립니다.[155]

---

154 참조: 시편 80,12.
155 「헤시키우스가 테오둘루스에게」 c. 50-51. 참조: 『필로칼리아』 1권, 244.

5. 그들은 단식하며 기도했습니다[156]

성서 시대부터 '깨어 있음'과 마찬가지로 기도와 밀접하게 관련된 또 다른 육체적 수련이 있으니 바로 단식이다. 단식은 고대부터 특정 절기와 연결되어 왔기 때문에 언급하지 않을 수 없다. 오늘날 서구의 대다수 사람들에게 단식은 기껏해야 '단식 요법'처럼 세속화된 형태로만 알려져 있다. 예를 들어, 부활절 전의 '대 사순절 단식'은 교회의 가르침을 실천하는 그리스도인들의 일상에도 별 영향을 끼치지 않는다. 그러나 앞에서 언급했듯이 사정이 항상 이랬던 것은 아니며, 동방 그리스도교에서는 여전히 다른 의미를 지닌다.

고대부터 기도와 단식은 아주 긴밀하게 연결되어 있어서 성서의 여러 구절에서도 함께 언급된다. "기도는 단식이 동반될 때 선하기" 때문이다.[157] 노 예언자 한나는 단식하고 기도하며 밤낮으로 하느님을 섬겼고,[158] 바오로와[159] 초기 그리스도교 공동체도[160] 그렇게 했다. 이 관습은 초기 그리스도교 전승에 너무도 확고히 뿌리내려 있어서 여러 필경사들은 자연스럽게 '기도'에 '단식'을 덧붙인다. 심지어는 (아마도) 본디 그렇게 쓰여 있지 않은 곳에도 덧붙인다.[161]

---

156 사도 14,23.
157 토빗 12,8 칠십인역.
158 루카 2,37.
159 2코린 6,5; 참조: 11,27.
160 사도 13,3.
161 참조: 마태 17,12; 마르 9,29; 1코린 7,5.

첫눈에는 초기 그리스도인들이 실천한 단식이 그리스도의 말씀과 모범에 기초하지 않은 듯 보일 수 있다. 오히려 그분의 말씀이나 모범과는 상반되는 것처럼 여겨질지 모른다. 물론 그리스도께서는 당신의 공생활 초기에 사막에서 홀로 밤낮 사십 일을 단식하셨다.[162] 그러나 다른 한편으로 그분은 여러 사람들에게 "먹보요 술꾼"[163]으로 보였는데, "세리들 및 죄인들"과 더불어 밥을 먹는 일에 주저함이 없었고, 때로는 주도적으로 그렇게 했기 때문이다. 그런 까닭에 그분은, 요한의 제자들과 바리사이들의 제자들은 "자주 단식하며 기도하는데" 왜 당신의 제자들은 먹고 마시는가 하는 질문과 맞닥뜨려야 했다.[164]

그렇다면 바오로와 초기 그리스도교 공동체가 결국 요한의 제자들과 바리사이의 제자들처럼 자주 단식하며 기도한 것은 그리스도를 오해했기 때문인가? 전혀 그렇지 않다. 그리스도께서는 기도와 단식 모두 거부하지 않았기 때문이다. 그러나 그분은 모든 종류의 위선과 자신의 '신심'을 헛되이 과시하는 것으로부터 제자들을 보호하는 데 관심이 있으셨다.

> 여러분은 단식할 때에 위선자들처럼 침통한 표정을 짓지 마시오. 사실 그들은 단식하고 있다는 것을 사람들에게 드러내려고 자기들의 얼굴을 찌푸립니다. 진실히 여러분에게 이르거니와, 그들은 이미 자기들의 보수를 받았습니다. 당신이 단식하려거든 당신 머리에 기름

---

162 마태 4,2 및 병행구절.
163 마태 11,19.
164 루카 5,33.

을 바르고 당신의 얼굴을 씻으시오. 그리하여 당신이 단식하고 있다는 것을 사람들에게 드러내지 말고 숨어 계시는 당신 아버지께 드러내시오. 그러면 숨은 일도 보시는 당신의 아버지께서 당신에게 갚아 주실 것입니다.[165]

그래서 단식은 마치 기도와 같다. 물론 예수의 제자들도 단식한다. 그러나 그들은 드러내고 칭찬받기 위해서가 아니라, 오직 하느님을 위해서 단식한다. 자선에도 그리고 궁극적으로 모든 덕의 실천에도 똑같은 원칙이 적용된다. 엄격한 단식으로 유명한 교부들은 이를 마음에 깊이 새겼다. 특히 단식과 관련해서 "[금욕적] 노고에 담긴 향기를 침묵으로 틀어막아야 한다"는 금언은 진실이다.

그대가 사람들에게 그대의 죄를 감추듯이, 그대의 노고도 그들에게 감추시오.[166]

거룩한 교부들은 단식에서도 뛰어났지만, 그들에게 육체적인 "일"의 가치를 과대평가하는 것은 아주 낯설었고, 따라서 단식에 대해서도 마찬가지였다.

누군가 원로에게 물었다. "제가 어떻게 하면 하느님을 발견할 수 있겠습니까?" 원로가 대답했다. "단식과 깨어 있음과 노고와 자비를 통해서, 무엇보다도 식별을 통해서 (가능합니다)." 많은 사람들이 식별

---

[165] 마태 6,16-18.
[166] 에바그리우스 『에울로기우스에게 보낸 논고』 14.

을 하지 않고 자기 몸을 학대했고, 아무것도 얻지 못한 채 빈손으로 떠났기 때문이에요. 우리의 입에는 단식에서 나오는 사악한 냄새가 있어요. 우리는 성서를 외워서 알고 있고, 다윗의 모든 것(곧, 시편)을 낭송하지만, 하느님께서 찾으시는 것을 가지고 있지 않습니다. 바로 사랑과 겸손이지요.[167]

그러나 그리스도에게는 당시 "이스라엘의 신심 깊은 사람들"이 일반적으로 준수했던 단식 관습을 묵살하고 제자들을 그 관습에서 자유롭게 해야 할 아주 분명한 이유가 있었으니, 바로 "신랑"의 현존[168]이다. 그분이 현존하는 이 짧고 특별한 시기에는 또 다른 핵심이 있다: "때가 차서 하느님의 나라가 다가왔습니다. 여러분은 회개하고 복음을 믿으시오."[169]

그리스도는 화해의 기쁜 소식을 가져오는 방법으로 공동 식사를 선택했으며 모두에게 회개하라고 요청한다. 물론 바리사이 지도자들[170]과 영향력 있는 세리들[171] 및 온갖 죄인들[172]도 여기에 포함된다. 사막의 사부들은 화해를 상징적으로 표현한 공동 식사를 아주 진지하게 가슴에 담았다.

---

167 『사막 교부들의 금언집』 Nau 222.
168 마태 9,15.
169 마르 1,15.
170 루카 7,36 이하.
171 루카 19,1 이하.
172 마태 9,10 이하.

형제가 그대를 화나게 한다면, 그대의 집에 그를 맞아들이고, 그의 집으로 들어가는 것도 꺼려 하지 말 것이며, 오히려 그와 함께 그대의 음식을 나누시오. 이렇게 함으로써 그대는 그대의 영혼을 구할 것이고 기도를 드리는 시간에 방해받지 않을 것이오.[173]

현자 솔로몬이 이미 말했듯이 일반적으로 "몰래 주는 선물은 화를 누그러뜨린다".[174] 그러나 사막의 사부들은 '선물'로 주기에 적합한 것들을 거의 소유하고 있지 않았다. 그래서 에바그리우스는 "가난한 우리는 식탁으로 우리의 곤궁을 메우자"[175]고 조언한다. "단식은 확실히 유익한 일이지만 우리의 자유로운 선택에 달려 있다."[176]

신성한 사랑의 계명은 이와 다르다. 사랑의 계명은 인간의 다른 모든 실천이 제아무리 유익하다 하더라도 그것들을 무효화할 수 있다. 환대의 계명도 단식 규정을 백지화할 수 있으니, 심지어 하루 여섯 차례나 식탁을 차렸더라도 그 규정은 무효하다.[177]

한번은 두 형제가 어느 원로에게 왔다. 그러나 원로는 식사를 매일 하지는 않는 습관이 있었다. 원로가 형제들을 보자 기뻐하며 말했다. "단식에는 나름의 보상이 있습니다. 이와 달리 사랑이 우러나 먹는 사람은 두 계명을 이행합니다. 자기 자신의 뜻도 버리고, [사랑의]

173 에바그리우스 『수도승을 위한 금언집』 15.
174 잠언 21,14.
175 에바그리우스 『프락티코스』 26.
176 『사막 교부들의 금언』 카시아누스 1.
177 같은 책, 카시아누스 3.

계명도 지키기 때문입니다." 그러고 나서 원로는 형제들에게 가벼운 식사를 제공했다.[178]

그리스도의 제자들은 이 사랑의 계명을 언제나 마음에 간직하면서, '신랑을 빼앗긴 후'[179] 단식에서는 결코 바리사이의 제자들이나 세례자 요한의 제자들보다 못하지 않았다. 그리스도인들은 고대부터 유대인이 단식했던 월요일과 목요일에는 단식하지 않았고, 유대인과 자신들을 구분하기 위해서 수요일과 금요일에 단식했다.[180] 그러나 단식은 참회 의례의 하나였기 때문에, 그리스도인들이 '신랑'인 그리스도의 재림을 상기하는 시기에는, 당연히 아주 초기부터 예외가 있을 수밖에 없었다.

이집트인들은 성령강림 전체 기간[181]과 마찬가지로 주님의 날 전날인 토요일 저녁부터 이튿날 저녁까지 무릎을 꿇지 않으며, 이 시기에는 단식 규정도 지키지 않는다.[182]

모든 육체적 '금욕'과 마찬가지로 만일 단식이 단지 상대적인 가치만 지닌다면 그 목적은 무엇인가? 시편 저자는 단식의 첫 이유를 언급한다. 하느님으로부터 떨어져 나올 때까지 마음을 들뜨게 하는 연회와

---

178 『사막 교부들의 금언집』 Nau 288.
179 마태 9,15.
180 『열두 사도들의 가르침』 8,1.
181 곧, 부활절과 오순절 사이이다.
182 요한 카시아누스 『공주 수도승 규정집』 2,18.

달리,[183] 단식은 영혼을 겸손하게 한다.[184] 단식으로 육체를 닦는 일은, "사람이 빵만으로 살지 않고, 주님의 입에서 나오는 모든 말씀으로 산다는 것"과 생명에 필수적인 빵을 하느님께 빚지고 있다는 것도 우리가 지각할 수 있는 방식으로 상기시켜 주기 때문이다. 바로 이러한 체험을 위해 하느님께서는 광야에서 이스라엘 백성을 "낮추시고 굶주리게 하신" 것이다.[185]

그러므로 단식의 영적 의미는 무엇보다도 영혼을 겸손하게 하는 것이다. "실로 단식처럼 영혼을 겸손하게 하는 것은 없다."[186] 단식은 하느님께 온전히 의존하는 것을 근본적인 방식으로 체험할 수 있게 하기 때문이다.

이러한 마음의 겸손을 가로막는 장애물은 우리의 다양한 "정념들"인 "영혼의 질병들"이다. 이 정념들은 영혼이 창조된 목적에 따라서 "본성적으로" 행동하는 것을 방해한다. 에바그리우스가 시편 구절을 우의적으로 해석하면서 말하듯이, 단식은 이러한 정념을 "덮는" 뛰어난 도구이다.

> 단식은 수치스러운 욕망이나 비이성적 분노 등 영혼의 정념을 숨기는 영혼의 덮개이다. 그러므로 단식하지 않는 사람은 자신을 부적절

---

183 참조: 신명 8,12 이하; 32,13.
184 시편 34,13 칠십인역.
185 신명 8,3.
186 에바그리우스 『시편 발췌 주해』 34,13,10.

하게 노출한다.[187]

에바그리우스는 여기서 포도주에 취해 벌거벗은 채 누워 있던 노아[188]를 암시하고 있다. 육체적 단식의 목적은 수치스러운 악덕을 지닌 영혼을 정화하고 영혼 안에 겸손한 태도를 불어넣는 것이다.

이러한 "영혼의 정화" 없이는 "참된 기도"에 대한 생각도 신성모독이 될 것이다.

누구든 [여전히] 죄에 사로잡혀 있고 분노를 분출하면서도, 수치심 없이 감히 신성한 사물에 관한 인식을 추구하거나, 심지어 비물질적인 기도[의 장소]에 들어가려는 사람은 "머리를 가리지 않고 기도"하는 것은 안전하지 않다는 사도의 책망을 들어야 할 것이다. 사도께서는, 실제로 그러한 영혼은 마땅한 부끄러움과 겸손으로 자신을 가림으로써, "천사들을 생각하여, 머리 위에 권위의 표지를 가지고 있어야 한다"[189]라고 말씀하신다.[190]

기도와 관련해서 단식은 또한 아주 현실적인 의미를 지닌다.

굶주린 위장은 기도 중에 깨어 있게 하지만,

---

187 같은 책 68,11,7.
188 창세 9,21.
189 1코린 11, 5-10.
190 에바그리우스 『기도론』 145.

가득 찬 위장은 지나친 수면을 가져온다.[191]

결국 이 실용적인 이점은 궁극적으로 유일한 관심사인 영적 목적을 지닌다.

더러운 거울은 거울에 비치는 형상을 선명하게 반영하지 못하고, 포만감으로 둔해진 생각은 하느님에 대한 앎을 받아들이지 못한다.[192] 단식하는 사람의 기도는 높이 나는 어린 독수리와 같지만, 포만하여 무거워진 대식가의 기도는 추락한다.[193] 단식하는 사람의 지성은 맑은 하늘의 빛나는 별과 같으나, 대식가의 지성은 달 없는 밤에 가려진 채로 남는다.[194]

달리 말해 단식은, 깨어 있음과 마찬가지로, 하느님의 신비를 관상하기 위해 기도하는 사람의 마음을 준비시켜 준다. 그러므로 비록 단식이 "진리 안에서 기도"하길 원하는 사람들에게는 '깨어 있음'처럼 꼭 필요한 것이라고 하더라도, 여전히 영적 삶과 관련된 모든 것과 마찬가지로, "적절한 시간에 알맞게" 이행해야 한다. 그리고 각 사람에게는 자신의 힘과 나이, 삶의 환경 등에 따른 자신만의 적합한 방식이 있다.

과도하고 시기적으로 부적절하다면 오래 지속할 수 없기 때문이다.

---

191 에바그리우스 『여덟 악령』 1,12.
192 같은 책 1,17.
193 같은 책 1,14.
194 같은 책 1,15.

그러나 짧은 시간 동안만 지속되는 것은 유익하기보다는 오히려 더 해롭다.[195]

---

[195] 에바그리우스 『프락티코스』 15.

III

기도하는 방식

오리게네스는 기도를 분명하게 묘사하기 위해 기도하는 사람의 복된 '상태'(κατάστασις)를 아주 중요하게 고려한다. 그는 절대적으로 필요한 내적 태도의 한 예로, 그리스도인은 "화를 내거나 말다툼을 하지 말고"[1] 기도해야 한다는 사도 바오로의 말씀을 인용한다. 분노나 '생각들'(διαλογισμῶν)[2]로부터의 자유는 '수행적(실천적) 방식'[3]의 기도에서 나오는 열매이다. 수행적 방식의 기도는 정념들을 정화하고, 무엇보다도 '순수한 기도'의 최악의 적인 분노를 정화하며, 정념에 대한 '생각들'과

---

1 1티모 2,8.
2 교부들은 이러한 '말다툼'을 악한 '생각'으로 이해했다. 참조: 에바그리우스 『악한 생각』 32.
3 기도의 '수행적(修行的)/실천적' 방식과 '관상적' 방식에 대해서는 참조: 에바그리우스 『기도론』 서문.

모든 '정신적 이미지'를 정화하는 수단이다.

오리게네스가 같은 맥락에서 설명하듯이, 영혼의 이러한 '상태'는 항상 몸의 자세에 반영된다. 우리는 다음 장에서 이를 상세하게 다룰 것이다. 그러나 영혼의 상태는 또한 우리가 기도하는 방식에도 반영된다. 이 방식들과 그 방식들 안에 표현된 영적 상태가 3장의 주제이다.

1. 큰 소리로 부르짖으며 눈물로 기도하고 간구하셨다[4]

깊은 슬픔에 젖어서 눈물을 흘리는 사람을 보고 이상하게 여길 사람은 없을 것이다. 기쁨의 눈물도 대다수 사람들에게는 익숙하다. 그러나 기도 중에 눈물을 흘린다면? 사실 교부들에게 눈물과 기도는 나눌 수 없을 정도로 결합되어 있었고, 부적절한 감정의 표지로 여기지도 않았다. 성서의 인간에게도 이것은 진실이었다.

> 제 기도를 들으소서, 주님. 제 부르짖음에 귀 기울이소서. 제 울음에 잠자코 계시지 마소서.[5]

이렇게 눈물은 주로 '간구'(δέησις)를 동반한다. 절망한 아버지는 눈물을 흘리며 자기 아들의 치유를 애원하고,[6] 죄 많은 여자는 눈물을 흘리며

---

4 히브 5,7.
5 시편 39,13.
6 마태 9,24.

말없이 그리스도께 용서를 청한다.[7] 심지어 그리스도께서도 "육으로 계셨을 때에 자신을 죽음에서 구하실 수 있는 분께 큰 소리로 부르짖으며 눈물로 기도하고 간구하셨다".[8]

눈물은 영성 생활의 첫 단계인 수행(πρακτική)적 노고의 일부이기 때문에, 기도의 '수행적 방식'에 속한다.

"눈물로 씨 뿌리던 사람들은 환호하며 거두리라":
부지런히 애쓰고 눈물을 흘리는 가운데 수행을 완수한 사람들은 "눈물로 씨 뿌린다". 그러나 노력하지 않고 [하느님에 대한] 지식을 받는 이들은 "환호하며 거둘 것이다".[9]

현대인에게는 아주 이상하게 보이는 눈물의 필요성을 왜 이렇게 강조하는 것일까? 그리스도인은 오히려 기뻐해야 하는 것이 아닌가? 분명히 기도는 궁극적으로 "기쁨과 감사의 열매"이지만,[10] 아직 가야 할 길이 많이 남아 있다. 교부들은 우리보다 인간 조건을 더욱 현실적으로 보았던 것 같다.

압바 롱기누스는 기도하고 시편을 낭송할 때 깊이 뉘우치며 한탄했다. 하루는 그의 제자가 그에게 물었다. "압바, 수도승이 시간경을 바

---

7 루카 7,38.
8 히브 5,7.
9 에바그리우스 『시편 발췌 주해』 125,5,3. 에바그리우스는 이러한 경험적 사실을 자주 반복한다. 참조: 같은 책 29,6,5; 134,7,5; 『프락티코스』 90.
10 에바그리우스 『기도론』 15.

칠 때면 항상 눈물을 흘려야 한다는 것은 영적 규칙입니까?" 그러자 원로가 대답했다. "그렇소. 하느님께서 우리에게 요구하시는 규칙이오. 처음에 하느님께서는 인간을 울도록 창조하신 것이 아니라, 순수하고 죄 없는 천사들처럼 기뻐하고 즐거워하며 그분을 찬미하도록 창조하셨기 때문입니다. 그러나 죄에 떨어진 인간은 눈물이 필요했어요. 그리고 추락한 모든 이들도 똑같이 눈물이 필요합니다. 죄가 없는 곳에는 눈물도 필요하지 않기 때문입니다."[11]

그러므로 이러한 영성 생활의 첫 단계에서 주요한 관심사는 성서와 교부들이 '회심', '전향', '마음의 변화'(μετάνοια)라고 부른 것과 관련이 있다. 그러나 이 회심이라는 바로 그 생각이 예기치 않은 내적 저항에 부딪힌다. 이와 관련하여 에바그리우스는, 오직 (영적인) '슬픔'(πένθος)의 눈물의 도움을 받아야만 극복할 수 있는, 내면의 어떤 '황폐함' (ἀγριότης)이나 영적 '무감각'(ἀναισθησία)[12]과 둔감함에 대해 말한다.

참회를 통하여 당신의 영혼 안에 거주하는 황폐함을 순화할 수 있도록, 그리고 "주님께 당신의 죄를 고백"함으로써[13] 그분에게서 용서받을 수 있도록, 우선 눈물의 은사를 청하십시오.[14]

아마도 모든 인간은 억압적인 영혼 상태인 이 '황폐함'과 친숙할 것이

---

11 『사막 교부들의 금언집』 Nau 561.
12 에바그리우스 『악한 생각』 11.
13 참조: 시편 32,5.
14 에바그리우스 『기도론』 5.

다. 교부들은 이를 아케디아(권태, 나태), 마음의 권태(taedium cordis – 요한 카시아누스), 영혼의 권태, 지루함, 공허한 무관심 등으로 불렀다. 이 황폐함을 거스르는 눈물은 강력한 해독제이다.

> 슬픔은 참으로 억압적이며, 권태는 견디기 어렵습니다. 그러나 하느님께 봉헌된 눈물은 이 둘보다 더 강합니다.[15]

역으로, "아케디아의 영은 눈물을 몰아내고, 슬픔의 영은 기도를 마모시킨다"[16]는 말도 진실이다. 그렇다면 우리가 내적 메마름과 권태와 슬픔의 궁지에 몰렸을 때에는 무엇을 해야 하는가? 에바그리우스의 권고는 아주 생동적이다.

> 아케디아의 악령에 사로잡힐 때 우리는 눈물을 흘리며 영혼을 두 부분으로 나누어야 하는데, 하나는 위로하는 부분이요, 다른 하나는 위로받는 부분이다. 우리는 우리 자신을 위해 좋은 희망의 씨를 뿌리고 우리 자신을 향해 매혹적인 다윗의 말로 노래함으로써 이 일을 한다. "내 영혼아, 어찌하여 녹아내리며 내 안에서 신음하느냐? 하느님께 바라라. 나 그분을 다시 찬송하게 되리라, 나의 구원, 나의 하느님을."[17]

---

15 에바그리우스 『동정녀를 위한 금언집』 39.
16 에바그리우스 『수도승을 위한 금언집』 56.
17 에바그리우스 『프락티코스』 27. 마지막 인용문은 시편 42,6.12.

눈물을 흘리며 봉헌하는 기도가 주님을 기쁘게 할 수 있다 하더라도,[18] 눈물은 결코 그 자체가 목적이 되어서는 안 된다. 인간의 모든 금욕적 실천은, 그것이 인간의 행위인 한, 자기 충족적이고자 하는 치명적 경향을 품고 있다. 그러면 수단은 예기치 않게 목적이 되어 버린다.

그대가 기도할 때 강물처럼 눈물을 흘리더라도, 마치 그대가 다른 사람들보다 높은 위치를 차지하기나 한 듯이, 결코 마음속으로라도 자신을 높이지 마시오. 그대의 기도는 그저 [하느님의] 도움을 받았을 뿐이오. 바로 이 도움으로 말미암아 그대는 기꺼이 그대의 죄를 고백할 수 있는 것이고, 주님께서 그대의 눈물을 통해 그대 쪽으로 기우는 것도 이 도움이 있기 때문이오. 그러므로 은총을 주시는 분을 그대가 더욱 격분하게 만들지 않도록, 정념을 방어하는 수단이 정념 자체로 변하게 되지 않게 하시오.[19]

눈물의 의미와 목적, 곧 "지극히 쓰라린 회심"[20]을 잃어버린 사람은 이성을 잃고 잘못된 길로 들어설 위험이 있다.[21] 역으로, 어떤 사람도 자기는 '진보한' 영혼으로서 더 이상 눈물이 필요 없다고 상상하지 말아야 한다는 것도 진실이다.

만일 그대가 기도할 때 죄 때문에 더 이상 눈물을 흘릴 필요가 없다

---

18 에바그리우스 『기도론』 6.
19 같은 책 7.
20 에바그리우스 『시편 발췌 주해』 79,6,3.
21 에바그리우스 『기도론』 8.

는 생각이 든다면, 항상 하느님과 함께 있어야 하는데도 얼마나 하느님으로부터 멀리 벗어나 있는지 주의 깊게 성찰하시오. 그러면 그대는 더욱 쓰라린 눈물을 흘리게 될 것입니다.[22]

이러한 경고는 인간의 현실에 대한 냉철한 평가에서 나오며, 더욱이 모든 '수행'(πρακτική)에 적용된다. 그래서 에바그리우스는 예컨대 영지를 갖추었다고 존경받아 온 '영지자', 곧 관상가에게 이렇게 경고한다.

거룩한 바오로는 자기 "몸을 쳐서 굴복시킵니다".[23] 그러므로 그대가 살아 있는 한 단식을 소홀히 하지 말고, 그대의 몸을 살찌움으로써 정념에서 자유로운 상태(아파테이아)를 비하하지 말고 (아파테이아에) 해가 되는 것을 피하시오.[24]

어느 누가 '수행 생활'의 목표에 이르렀다고 해도, 영혼의 내적 평화와 눈물은 그냥 사라지지 않는다. 그러나 이 단계에서 눈물은 겸손의 표현이며, 악령을 모방한 여러 형태들과 대조적으로,[25] 평화의 상태가 참되다는 것을 보증한다. 그래서 교부들은, 에바그리우스가 이미 암시했듯이, 실제로 눈물을 하느님을 향한 인간의 친밀성의 표지로 본다.

한 원로가 말했다. "자기 암자에 앉아서 시편을 묵상하는 사람은 [대

---

22 같은 책 78.
23 1코린 9,27.
24 에바그리우스 『그노스티코스』 37.
25 에바그리우스 『프락티코스』 57.

궐] 밖에 서서 임금을 알현하기를 청하는 사람과 같습니다. '끊임없이 기도하는' 사람은 임금과 대화하는 사람과 같습니다. 반면에 눈물을 흘리며 간청하는 사람은 임금의 발을 부여잡고 자비를 청하는 사람과 같으며, 짧은 시간에 눈물로 자기의 모든 죄를 씻어 버린 창녀와도 같습니다."[26]

압바 롱기누스가 말했듯이, 분명히 하느님께서는 눈물을 흘리면서 일생을 보내도록 인간을 창조하신 것이 아니라, 오히려 기뻐하며 지내도록 창조하셨다. 그러나 아담 안에서 모두가 추락함에 따라서 모두에게 눈물이 필요했다. 모두에게 참회와 회심이 필요한 것과 마찬가지다. 이를 인식하는 것이 정직한 겸손의 표지이다. 뒤에서 우리는 눈물과 똑같은 의미를 표현하는 몸의 자세인 '부복'(metanie)에 대해서도 다룰 것이다.

한 교부는 "인간은 하느님께 가까이 가면 갈수록 자신이 죄인이라는 것을 더욱 크게 느낀다"라고 말했다. 오직 하느님의 거룩함만이 우리의 죄를 진실로 볼 수 있게 만들기 때문이다. 그러므로 눈물은 회심의 영적 여정을 시작할 때에만 있는 게 아니라, 그 눈물이 "영적 눈물과 특별한 마음의 기쁨"으로 변형되는 여정의 종착지까지 동반한다. 거룩한 교부들은 이 영적 눈물과 기쁨을 성령께서 직접 활동하시는 표지로 이해했고, 그래서 하느님께 가까이 있는 것으로 여겼다.[27]

26 『사막 교부들의 금언집』 Nau 572; 참조: 루카 7,38.47.
27 포티케의 디아도쿠스 「영적 완성에 관한 단상 100편」 73.

2. 끊임없이 기도하시오[28]

'기도'에 대한 일반적인 인식은, 자유롭게 표현한 기도이거나, 그리스도인들에게 가장 중요한 주님의 기도처럼 특정 형태로 정해진 기도이거나, 하나의 텍스트라는 것이다. 이러한 '기도'는 예정된 길이가 있고, 때로는 주님의 기도처럼 상대적으로 짧은 기도문도 있다.

그래서 '기도한다'는 말은, 하느님께 자유롭게 말씀을 드리거나 이러한 목적을 위해 미리 만들어진 텍스트를 사용한다는 것을 의미한다. 우리는 이러한 방식으로 기도를 아주 길게 할 수도 있지만, 우리가 '하느님과 하는 대화'는 불가피하게 시간이 제한될 수밖에 없다.

"언제나 기도해야"[29] 한다는 예수님의 명령과 "끊임없이 기도하시오"[30]라는 사도 바오로의 권고는 사실상 가능한 한 자주 기도를 드려야 한다는 의미일 것이다. 초기의 수도승 사부들은 교회의 일부 교부들과 달리 이러한 권고를 명백히 문자적 의미로 이해했다.

> 우리는 내내 일하라거나 항상 밤새 깨어 있으라거나 끊임없이 단식하라는 명령을 받지 않았다. 그러나 우리에게는 끊임없이 기도해야 한다는 법이 있다. 앞에 언급한 세 활동은 영혼의 정념적 부분(παθητικὸν μέρος)을 치유하며, 이를 실천하기 위한 육체가 필요하다.

28 1테살 5,17.
29 루카 18,1.
30 1테살 5,17.

그러나 이러한 노고를 감당하기에는 선천적으로 우리의 육체가 너무 연약하다. 다른 한편, 기도는 (악령들과) 싸우기 위한 정신을 강하게 하고 순수하게 한다. 정신은 본성적으로 기도하기 위해 만들어졌고, 육체 없이도 영혼의 모든 능력을 대신하여 악령들과 싸우는 것이 자연스럽기 때문이다.[31]

바오로의 명령을 문자적으로 받아들여야 한다는 것은 에바그리우스만이 아니라, 초기 수도승 사부들도 공유했던 의견이었다. 비록 이 원칙은 분명했으나 수행 중에 실천할 때에는 여러 질문들이 제기됐다.

질문: 예배 중에 육체가 피곤해지는데도, 어떻게 "끊임없이 기도"할 수 있습니까?
대답: "기도"란 기도하는 시간에만 서 있다는 뜻만이 아니라, "끊임없이" [기도]한다는 뜻이기도 합니다.

질문: "끊임없이"를 어떻게 [이해해야] 합니까?
대답: 먹을 때나 마실 때, 또는 길을 걸어갈 때에나 이런저런 일을 할 때에도 기도를 그만두지 마시오.

질문: 다른 사람과 대화할 때에는 어떻게 "끊임없이 기도하라"는 명령을 준수할 수 있습니까?
대답: 이와 관련해 사도께서는 "[온갖 기도와 간구로] 어느 때에나

---

31   에바그리우스 『프락티코스』 49.

영 안에서 기도하시오."³² 라고 말씀하셨습니다. 다른 사람과 대화하는 동안 만일 기도에 전념할 수 없다면, "간구로 기도하시오."

질문: 어떤 기도를 드려야 합니까?
대답: "하늘에 계신 우리 아버지"와 같은 기도들이오.

질문: 얼마나 자주 그리고 얼마나 오래 기도해야 합니까?
대답: 기도하는 횟수와 시간은 정해지지 않았습니다. "항상" 그리고 "끊임없이 기도하라"는 권고를 수량화할 수 없기 때문입니다. 사실상 공식적으로 예정된 기도만 하는 수도승은 실제로 전혀 기도하지 않는 사람입니다.

그리고 그는 덧붙였다: "누구든 이를 완수하고자 하는 사람은 모든 사람을 한 사람으로 여겨야 합니다."³³ 그리고 못된 험담을 삼가야 합니다.³⁴

그러므로 "항상 끊임없이 기도하라"는 명령은, 바로 항상 어느 곳에서든지 기도하라는 뜻이다. 여기서 기도는 다른 활동과 분리된 어떤 행위가 아니라, 오히려 다른 활동과 동시에 발생한다. 이러한 기도가 어떻게 성취되는지에 대해서는 여기에 나오지 않지만, 사부의 대답을 정확

---

32 에페 6,18.
33 참조: 에바그리우스『기도론』125 ("수도승은 모든 사람 안에서 끊임없이 자신을 보기 때문에, 스스로 모든 사람과 하나라고 생각하는 사람이다.' 이 말은 '자기 이웃을 자기 자신처럼 사랑한다'는 뜻이다).
34 J.-C. Guy, "Un entretien monastique sur la contemplation", *Recherches de Sciences Religieuses* 50 (1962), 230ff. (nr. 18-22).

히 읽으면 '기도'(προσευχή)와 '간구'(δέησις)의 중요한 차이점이 드러난다. 기도의 예로 든 것은 보통 큰 소리로 낭송하는 주님의 기도이다. 간구가 어떤 형태인지는 여기에서 알 수 없다. 에페소서 6장 18절은 어떻든 "영 안에서" 이루어지는 것이라고 암시할 뿐이다.

따라서 우리는 우선 '끊임없는 기도'의 '기술'에 대하여 알아보고, 이를 배우고 실행하는 '방법'을 더 면밀히 살펴볼 것이다.

『러시아 순례자』와, 특히 이 순례자가 가지고 다녔던 거룩한 교부들의 명문집인 『필로칼리아』를 통하여, 비잔틴 수도승들이 13~14세기에 발전시킨 고요히 끊임없이 기도하는 정관적靜觀的 방법들(hesychastische Methoden)이 많은 사람들에게 알려졌다. 예컨대, 낮은 의자에 앉아 허리를 굽힌 자세로 호흡을 조절하는 수련 등이 있다. 그러나 이러한 방법들은 고립된 환경에서 은수 생활을 하면서 살아가는 은수 수도승들인 '정관가'靜觀家(Hesychast)들을 위한 것이었고, 오직 경험이 풍부한 스승의 지도 아래서만 가능한 수행법이었기에 언제나 소수의 사람들만 이용할 수밖에 없었다. 이와 달리 우리가 알고 있는 초기 교부들의 수행은 아주 단순하며 훨씬 많은 사람들에게 다가갈 수 있다.[35]

이집트 사막의 사부들에게는 아주 이른 시기부터 고유한 전통과 관습이 있었다. 이 전통과 관습은 분명히 어느 정도까지는 그들의 특별한 삶의 방식을 반영하지만, 그들은 스스로 추구했던 목표에 따라서 전체

---

35 참조: G. Bunge, "Betet ohne Unterlass", *Das Geistgebet: Studien zum Traktat "De Oratione" des Evagrios Potikos*, Köln 1987.

삶의 방식을 조율했다고 할 수 있다.

[시간경]을 드리는 시간과 찬가는 교회 전통이며 온 백성이 일치를 이루는 데 좋다. 이는 많은 사람들의 조화를 위하는 [수도원] 공동체들에도 마찬가지다. 그러나 스케티스 사람들[36]은 시간경을 바치기 위해 정해진 시간이 없으며 찬가를 낭송하지도 않는다. 다만 그들은 [혼자 살면서] 빈번히 손노동과 묵상과 기도에 전념한다.

저녁 기도에 대해 말하자면, 스케티스 사람들은 시편 열두 편을 낭송하고 각 시편 끝에 영광송 대신에 "알렐루야"를 바치고 나서 기도를 드린다. 그들은 [시간경]을 드리는 밤 시간에도 똑같이 한다. 시편 열두 편을 낭송한 다음에는 앉아서 손노동을 한다.[37]

스케티스 사막의 수도승들은 단지 두 차례의 시간경 시간만 알고 있었다. 해가 진 후 드리는 저녁 기도와 해가 뜰 때까지 네 시간 동안 깨어 있는 밤샘 기도이다.[38] 밤샘 기도에는 그들이 실제로 낮 시간 내내 공들여서 했던 손노동도 일부 포함되어 있었다. 파코미우스 수도승들은 심지어 공동 기도 중에도 이 손노동을 그만두지 않았다. 손노동이 정신을 산만하게 하지 않고 오히려 성찰하는 데 도움을 주었기 때문이다. 스케티스에 살았던 사람들은, 예를 들어 가자의 요한이 편지를 보낸 수도승처럼, 관습적으로 아래처럼 손노동을 했다.

---

36 스케티스 사막의 수도승들을 뜻한다.
37 바르사누피우스와 요한 『서간집』 143.
38 같은 책 146.

손노동을 하기 위해 앉을 때에는 [성서 구절]을 암송하거나 시편을 낭송해야 합니다. 각 시편 끝에는 앉으면서 "하느님, 비참한 인간인 저를 불쌍히 여기소서"[39]라고 기도를 드려야 합니다. 생각이 일어 곤란해진다면, "하느님, 당신은 저의 어려움을 아시니 저를 도우소서"[40] 하고 덧붙이시오. 그물 세 줄을 짰다면 기도를 드리기 위해 일어서야 하고, 무릎을 꿇었을 때는 다시 일어설 때와 마찬가지로 금방 말한 것처럼 기도를 드리시오.[41]

그렇다면 끊임없이 기도하는 "방법"은 아주 단순하다. 그물을 만드는 이 경우에는, 기도하기 위해 일어서거나 엎드리면서 고정된 간격으로 "빈번하게" 노동을 중단하는 것이 그 방법이다. 예를 들어, 알렉산드리아의 마카리우스와[42] 필사로 삶을 꾸렸던 그의 제자 에바그리우스는 이러한 방식으로 하루에 일백 번[43] 기도를 드렸다. 일백 번 무릎을 꿇었다는 말이다. 각자 자기만의 개인적인 "방식"[44]이 있기에 다양한 특징이 드러나긴 하지만, 다른 문헌들도 입증하듯이 일백 번 드리는 기도는 일상적인 "규칙"[45]이었던 것으로 보인다.

손노동을 하는 동안에 정신은 나태해지지 않았고 '묵상'에 전념했다.

---

39 참조: 시편 51,3.
40 참조: 시편 70,6.
41 바르사누피우스와 요한 『서간집』 143.
42 팔라디우스 『라우수스에게 바친 수도승 이야기』 20 (Butler 63,33ff).
43 같은 책 38 (Butler 120,11).
44 참조: Lucien Regnault. "La prière continuelle 'monologistos'...", Irénikon 48 (1975), p. 479ff.
45 Apophthegma J 741 (L. Regnault, Série des anonymes, p. 317).

성서 구절들, 특히 시편을 종종 관상적으로 반복했는데, 정확히 이 목적을 위해 암송한 구절들이었다. 각 묵상 뒤에는 앉아서 수행할 수 있는 아주 짧은 화살기도를 드렸다. 화살기도의 내용은 고정된 것이 아니었고, 특정한 '형식'을 채택했더라도 자유롭게 변경할 수 있었다. 위에서 언급한 기도나 이러한 화살기도는 특별히 길지 않았고, 그럴 필요도 없었다.

[기도를 드리기 위해] 일어설 때나 사도께서 말씀하시듯이 "끊임없이 기도"할 때 기도를 늘리는 것에 대해 말하자면, 일어설 때에는 [기도를] 연장할 필요가 없습니다. 그대의 지성이 온종일 기도 안에 있기 때문입니다.[46]

사실 더 긴 기도에는 언제나 분심이 들 위험이 있다. 집중력은 재빨리 약해지거나 더 나빠지며, 악령들이 중간에 끼어들어 그들의 잡초를 뿌리기 때문이다.[47] 기도의 내용과 관련해서 이 짧은 기도들은 전체적으로 성서의 영감을 받은 것이다. 이 기도들은 그동안 들어 왔던 하느님의 말씀을 개인 기도로 변형하거나, 하느님의 말씀을 있는 그대로 채택한다.

기도 중에 일어설 때 그대는 "옛 인간"[48]을 벗어 버릴 수 있도록 청해

---

46   바르사누피우스와 요한 『서간집』 143.
47   요한 카시아누스 『담화집』 9,36; 아우구스티누스 『서간집』(프로바에게 보낸 편지) 130,10,20.
48   참조: 에페 4,22; 콜로 3,9.

야 하며, 주님의 기도를 드리거나, 또는 이 둘을 함께[49] 청해야 하고, 그런 다음에는 손노동을 하기 위해 앉아야 합니다.[50]

"진리 안에서" 기도하기를 원하는 사람은 누구든 자기 삶의 환경을 고려하여, 특히 자신이 하는 노동의 특성을 감안하여, 아주 단순한 이 원리들에 기초를 두고 자신만의 개인적인 "방법"을 개발하는 일이 크게 어렵지는 않을 것이다. 가까이서 관찰해 보면, 사막 사부들은 일상의 활동을 배제하고 기도 생활을 이어갔던 것이 아니라, 다른 사람들과 마찬가지로 생계를 유지하기 위하여 노동을 했으며, 밤에는 여섯 시간의 휴식을 취했다. 그들의 기도 생활은 그들의 매일의 삶과 동일했으며, 일상에 완벽히 스며들어서 궁극적으로는 영이 "온종일 내내 기도하는" 경지까지 인도한다. 심지어 외적 상황과 방문객과 나누는 대화 같은 "방해물"들도 더 이상 어떤 차이를 만들지 않는다.

형제들이 다음과 같이 말했다. "우리는 어느 날 원로 사부들을 찾아갔습니다. 관례대로 기도를 하고 서로 인사를 나눈 후, 함께 앉아 대화를 나누었습니다. 대화가 끝난 후 그곳을 떠날 무렵, 우리는 한 번 더 기도를 하자고 청했습니다. 그러자 한 원로가 말했습니다. '뭐라고요? 그대들은 기도하지 않았소?' 우리는 이렇게 대답했습니다. '사부님, 저희가 들어왔을 때 기도를 드렸습니다만 그때부터 지금껏 대화만 나누었습니다.' 그러자 그 원로는 이렇게 말했습니다. '미안하지만, 우리들 가운데 앉아 있는 한 형제는 대화를 나누는 동안에도

---

49 바르사누피우스와 요한 『서간집』 176.
50 같은 책 143.

103번이나 기도를 바쳤다오.' 원로가 말을 마치자 그들은 기도를 드렸고 우리는 그곳을 떠났습니다."[51]

때때로 또는 지속적으로 침묵에 잠기는 것은 지금까지 설명한 기도 생활을 실천하는 데 분명히 도움이 되지만 기도 생활에서 결코 핵심적인 부분은 아니다. 기도 생활의 실천이 결국 하느님의 은총에 힘입어 영을 '기도의 경지(상태)'로 이끈다는 것은 이해하기 어렵지 않다. 이 상태에서 무의미한 모든 생각들의 방랑은 멈추고, 영은 굳건히 서 있으며, 영의 시선은 부단히 하느님을 향한다.[52] 에바그리우스는 한 구절에서 갈망하는 이 '상태'를 아래와 같이 정의한다.

> 기도의 경지란, 극단적으로 사랑을 갈망(ἔρωτι)하면서 지혜 사랑(φιλόσοφον)[53]과 영적[54] 정신이 드높이 고양되는, 정념이 없는 상태이다.[55]

"고양된다"는 표현이 분명히 암시하듯이, 여기에서 인간의 활동은 이미 목적지에 이르렀고, 거기서부터는 하느님 당신께서, 곧 성자와 성령을 통하여 아버지께서 활동하신다. '기도'는 이제 우리의 영이 여러 활동 가운데서 행하는 특별한 행위가 아니고, 따라서 불가피하게 일시적인 한계를 지닌 행위도 아니며, 지속적인 '정신 상태'이다. 기도는

---

51 『사막 교부들의 금언집』 Nau 280.
52 참조: G. Bunge, Geistgebet, Kapitel V: Der "Zustand des Gebetes".
53 여기에서 지혜는 성자를 의미한다.
54 성령의 방문을 받았기에 '영적'(πνευματικός)이다.
55 에바그리우스 『기도론』 53.

"정신의 품위와 부합하는 활동"⁵⁶이기에 호흡처럼 자발적이며 자연스럽다. 이러한 의미에서 안토니우스는 임종의 자리에서 제자들에게 이렇게 권고했다.

언제나 그리스도를 호흡하고, 그분을 믿으시오.⁵⁷

기도는 말하자면 영혼의 영적 호흡이며, 영혼에 필수적인 참된 생명과도 같다.

"모든 수도승의 유일한 목표요 마음의 완성"⁵⁸인 끊임없는 기도라는 이상은 결코 수도승만을 위한 것이 아니다. 이 이상은 실제로 수도승 생활이 시작되기 훨씬 전부터 있었고, 교회 교부들이 사도들에게까지 거슬러 올라가는 '본디의, 글로 쓰이지 않은 전통' 중 하나이다. 이미 알렉산드리아의 클레멘스는 "온 삶이 하나의 기도요 하느님과 나누는 대화"인 참된 "영지자"에 대해 썼다.⁵⁹

그러나 그는 산책을 할 때든, 동료와 함께 있을 때든, 휴식을 취할 때든, 책을 읽을 때든, 생각을 요구하는 과업을 시작할 때든 모든 상황에서 기도한다. 그리고 자기 영혼의 '방'에서 그가 단 하나의 생각을

---

56 같은 책 84.
57 아타나시우스 『안토니우스의 생애』 91,3.
58 요한 카시아누스 『담화집』 9,2.
59 알렉산드리아의 클레멘스 『양탄자』 7,73,1.

품고 "말로 다 할 수 없는 탄식으로"[60] 아버지를 부르면,[61] 아버지께서는 그가 말하는 동안에 이미 가까이 현존하신다.[62]

초기 수도승들은 실제로 이 이상에 견고한 형태를 부여한 것 외에 다른 일을 한 것이 아니며, 이 이상은 너무도 단순해서 이를 진지하게 추구하는 모든 사람에게 열려 있다. 모든 '영혼'은 본성상 주님을 찬미하도록 창조되었기 때문이다.

숨 쉬는 모든 존재는 주님을 찬미하라. 솔로몬을 따라서, 만일 주님의 빛이 인간의 숨결이라면,[63] 이 빛 안에서 숨 쉬는 모든 이성적 본성은 주님을 찬미해야 한다.[64]

3. 주님, 저에게 자비를 베푸소서![65]

『러시아 순례자』의 여러 독자들에게는, 끊임없는 마음의 기도를 위한 전통적 양식(Formel)이 "주 예수 그리스도여, 죄인인 저에게 자비를 베푸소서"라는 것이 이상하게 보일 수 있다. 어쩌면 동방 교회 정관생활 靜觀生活(Hesychasmus)의 핵심이 사실상 일종의 참회기도인 것에 놀랄 수

---

60 로마 8,26.
61 1베드 1,17.
62 알렉산드리아의 클레멘스『양탄자』7,49,7.
63 잠언 20,27.
64 에바그리우스『시편 발췌 주해』150,6,10.
65 시편 41,5.

도 있다. 그러나 회심의 눈물에 대한 장을 읽은 독자라면 그리 놀라지는 않을 것이다. 이 양식은 교부들의 실천에 처음부터 활력을 불어넣었던 정신을 완벽히 반영하고 있기에, 오히려 독자들에게는 교부들이 결국 이 양식에 동의했다는 사실이 매우 논리적으로 다가갈 터이다.

이미 이집트 수도승 생활 초기부터, 아주 짧은 형태의 탄원 기도를 규칙적으로 드리는 관습이 있었다. 이 관습의 기원은 사도 시대까지 거슬러 올라가며, 아마도 우리가 복음서를 통해 알고 있는 그리스도에 대한 짧은 기도에서 유래했을 것이다. 시편 저자가 반복해서 "주님, 저에게 자비를 베푸소서"[66] 하고 하느님께 호소하는 것과 마찬가지로,[67] 병들고 고통받는 사람들은 이제 "다윗의 자손이신 주님, 저를 불쌍히 여기소서!"[68]라고 청원하며 예수께 향한다. 이 기도에는 이미 그리스도의 신성에 대한 고백이 함축되어 있다.

이 "숨겨진 고대의 관습"[69]이 어떻게 이집트에 이르렀는지는 당대의 자료가 부족한 탓에 우리가 알 수 없다. 처음에는 아주 자연스럽게 시작되었으나 이미 형식적으로나 개념적으로 그리스도에 대한 기도와 거의 동일했던 것으로부터 하나의 '방법'을 처음 개발한 이들은 아마도 이집트의 수도승들이었을 것이다.[70] 아우구스티누스가 전해 들어서

66　참조: 시편 6,3; 9,14; 41,5; 86,3.
67　참조: 시편 51,3; 57,2.
68　마태 15,22.
69　참조: 에바그리우스 『악한 생각』 5,26 이하 (기도의 다른 관점에 대하여).
70　콥트 지역 수도승 생활에 관한 초기 비문의 증거에 대해서는 참조: A. Guillaumont, "Une inscription copte sur la Prière de Jésus" in *Aux origines du monachisme chrétien* (Spiri-

증언하듯이 이 방법은 아주 일찍부터 이집트 밖에도 알려져 있었다.

> 이집트 형제들은 자주 반복되는 기도를 한다고 합니다. 그러나 매우 짧은 이 기도를 창을 던지듯 빨리 드리기 때문에, 기도하는 사람에게 가장 필요한 깨어 있는 집중력이 오랜 시간이 지나도 사라지거나 무뎌지지 않는다고 합니다.[71]

"창을 던지는" 것과 비슷한 기도는 우리가 드리는 "화살기도"의 기원이며, 에바그리우스는 이미 여러 저작에서 이러한 기도를 모두가 잘 알고 있는 관행처럼 언급한다. 이 맥락에서 그가 사용하는 여러 동의어들 중 몇 가지를 언급하자면, 이 기도는 "자주, 계속하여, 끊임없이" 드려야 하는 것으로 여겨지며, "간결하고 짧아야" 한다. 특히 수도승이 어려운 시간에 이런 기도를 드려야 하지만, 꼭 수도승들만을 위한 것은 아니다.

> 그러한 유혹의 시간에 짧고 끊임없이 반복되는 기도를 드리시오.[72]

여기에서 유혹은 이전 장[73]에서 언급한 '순수한 기도'를 파괴하려는 악령의 유혹을 의미한다. 이와 관련해 에바그리우스는 '짧은 기도'의 예를 제시한다.

tualité Orientale 30), Bellefontaine 1979, 168-183. 또한 참조: 같은 저자, "La Prièrre de Jésus chez les moines d' Egypte" in *Aux origines du monachisme chrétien*, 127-134.
71 아우구스티누스『서간집』(프로바에게 보낸 편지) 130,10,20.
72 에바그리우스『기도론』98.
73 참조: 에바그리우스『기도론』97.

당신께서 저와 함께 계시기에 저는 악령을 두려워하지 않을 것입니다.

이 기도는 짧은 시편 구절[74]이다. 이어지는 조언과 "이와 비슷한 [본문들이] 가르치듯이" 기도를 선택하는 일은 전적으로 기도하는 사람에게 달려 있다. 에바그리우스는 분명히 어떤 고정된 형식을 알고 있지 않았다. 다른 한편, 에바그리우스와 동시대에 살았던 요한 카시아누스는, 삶의 모든 상황에서 가장 적합한 화살기도로 시편 70편 2절을 사용하는 것을 그의 이집트 스승들에게서 배웠다.[75]

하느님, 저를 구하소서. 주님, 어서 저를 도우소서.

에바그리우스와 요한 카시아누스 또는 그들의 스승들도 빨리 드리는 기도문으로 짧은 성서 구절을 추천하는데, 이는 일반적인 관습이었던 것으로 보인다.

한 교부에 따르면, 켈리아에는 한때 깔개를 걸쳤던 매우 근면한 원로가 있었다. 그가 압바 암모나스를 찾아 왔다. 암모나스는 깔개를 걸친 그를 보고 말했다. "이것은 원로에게 아무 소용이 없습니다." 그러자 원로가 암모나스에게 물었다. "세 가지 생각이 나를 사로잡고 있습니다. 내가 사막을 떠돌아다녀야 하는지, 아무도 나를 모르는 낯선 곳으로 가야 하는지, 아니면 독방에서 아무에게도 문을 열어 주

---

[74] 시편 23,4.
[75] 요한 카시아누스 『담화집』 10,10. 여기서 하느님은 그리스도를 의미한다.

지 않고 이틀에 한 번만 식사를 하며 지내야 하는지 생각하고 있습니다." 압바 암모나스가 말했다. "이 세 가지 중 어떤 것을 해도 옳지 않습니다. 오히려 마음속으로 항상 세리의 말을 되새기면서 독방에 앉아 매일 조금만 드십시오. 그러면 구원될 것입니다."[76]

이 본문에서 암보나스는 시편 79편 9절을 자유롭게 제시한 구절 "하느님, 이 죄인에게 자비를 베풀어 주십시오"[77]를 권유하고 있다. 암모나스는 대 안토니우스의 제자이다. 아타나시우스는 안토니우스의 생애를 썼고, 우리는 에바그리우스가 "은수자들 중 첫째"라고 칭한 안토니우스가 "끊임없이 기도"[78]했을 뿐 아니라, 짧은 시편 구절로 악령들의 맹렬한 유혹을 물리쳤다는 것을 읽을 수 있다.[79] 안토니우스의 또 다른 제자이자 에바그리우스의 스승인 이집트의 마카리우스에 대해서는 다음 이야기가 전해 온다.

몇몇 형제가 압바 마카리우스에게 물었다. "저희가 어떻게 기도해야 합니까?" 원로가 대답했다. "빈말을 늘어놓을 필요가 없습니다.[80] 단지 손을 펼치고 이렇게 말씀드리십시오. '주님, 당신께서 원하시는 대로[81] 또 당신께서 아시는 대로 저에게 자비를 베푸소서.'[82] 유혹이

---

76 『사막 교부들의 금언』 암모나스 4.
77 루카 18,13.
78 아타나시우스 『안토니우스의 생애』 3,6.
79 같은 책 13,7; 39,3.5.
80 참조: 마태 6,7.
81 참조: 마태 6,11.
82 시편 41,5.

다가오면, '주님, 도와주십시오' 하고 말씀드리십시오. 그분은 우리에게 무엇이 필요한지 잘 아시고 우리에게 당신 자비를 베푸실 것입니다."[83]

'불결한 이방인'인 가나안 부인은 "주님, 도와주십시오"라는 단순한 요청으로, 처음에는 그의 소원을 들어주기를 망설였던 예수님의 도움을 받았다.

이러한 몇 가지 예에서 알 수 있듯이, 아우구스티누스가 "이집트 형제들"이라고 칭한 수도승들의 중단되지 않은 전통은 대 안토니우스에게까지 거슬러 올라가며, 앞으로 살펴보겠지만, 그를 넘어서 그리스도 시대까지 이르게 된다.

산재한 본문들을 통해 우리에게까지 전해 내려오는 그러한 '화살기도'에 대한 증언을 돌아보면, 이 기도문들의 형식은 다양하지만 모두에게 공통되는 마음이 담겨 있음을 알 수 있다. 그것들은 대체로 어려움에 처한 인간이 도움을 청하는 부르짖음이다. "주님, 죄인인 저에게 자비를 베푸소서!"[84] "주님, 저에게 자비를 베푸소서!" 또는 "주님, 저를 도우소서!"[85] "하느님의 아드님이시여, 저를 구해 주소서!"[86] "하느님의 아드

---

83 『사막 교부들의 금언』 대 마카리우스 19.
84 같은 책, 암모나스 4.
85 같은 책, 대 마카리우스 19.
86 『사막 교부들의 금언집』 Nau 167.

님이시여, 저를 불쌍히 여기소서!"[87] "주님, 저를 악에서 구하소서!"[88]

이를 통해서 우리는 "바리사이처럼 기도하지 말고 오히려 세리처럼 기도하시오"[89]라는 에바그리우스의 권고를 이해할 수 있다. 곧, 가슴 깊은 곳에서부터 (자기 가슴을 어떻게 치는지 유의해서 보라) 자신이 죄인이라는 것을 시인하는 복음서의 세리처럼, 오직 하느님의 용서만이 유일한 희망인 세리처럼[90] 기도하라는 권고이다.

이 모든 화살기도에 공동으로 담긴 마음은 메타노이아(μετάνοια)의 마음, 회한과 회심과 참회의 마음이다. 오직 이 마음만이 '그리스도 안에서 화해의 기쁜 소식'을 받아들일 수 있다.[91]

때가 차서 하느님의 나라가 다가왔습니다. 여러분은 회개하고 복음을 믿으시오![92]

"회개" 없이 신앙 없다. 신앙 없이는 화해의 복음에 참여할 수 없다. 이러한 이유로, 루카가 사도행전에서 우리에게 전해 주는 사도들의 설교는 거의 예외 없이 회개를 요청하면서 끝난다.[93] 그러나 이 메타노이아

---

87 같은 책, Nau 184.
88 같은 책, Nau 574.
89 에바그리우스 『기도론』 102.
90 루카 18,10-14.
91 참조: 2코린 5,18-20.
92 마르 1,15.
93 참조: 사도 2,38; 3,19; 5,31; 17,30.

는 일회성 행위가 아니라 평생에 걸친 과정이다. '회심의 마음', 곧 가슴에서 우러나오는 겸손은 단 한 번으로 얻을 수 있는 게 아니다.

그리스도께서 스스로 말씀하시듯, 그분의 고유한 품성인 이 핵심적 특징[94]을 그분에게서 배우기에는 평생의 시간도 충분하지 않다. 앞 장에서 논의한 "간구"를 소리 내서 하든 마음속으로 하든, 회개하는 세리의 마음으로 끊임없이 계속 반복하는 수행은, 참된 메타노이아를 향한 내적 열망을 생생하게 유지하는 훌륭한 방법 중 하나다.

우리는 주로 시편 구절들을 다루고 있기 때문에, 짧은 화살기도들이 처음에는 그리스도께 드리는 기도라는 것이 언제나 명시적으로 표현되지는 않았다. 그러나 이 화살기도들은 아주 처음부터 거의 예외 없이 그리스도를 향한 기도였다. 이는 시초부터 자명했는데, 결국 그리스도가 주님(κύριος)이시라는 고백은 가장 오래된 그리스도인의 신경(Credo)이므로[95] "주님"을 부르는 것은 그리스도를 부른다는 뜻이었다.

그러나 첫 그리스도인들에게 "그리스도"라는 이름은 "하느님의 아들"과 실제로 동의어였다.[96] 더욱이 아들은 또한 직접 "하느님"이라 불리기도 했으니, 사도 토마스는 "나의 주님, 나의 하느님"이라는 고백으로 부활하신 분에 대한 신앙을 표현했다.[97] 이러한 이유로 에바그리우스

---

94 참조: 마태 11,29.
95 사도 2,36.
96 참조: 루카 4,41; 요한 20,31.
97 요한 20,28.

는 시편 구절로 이루어진 짧은 기도에서 "주님, 주님"을 "주 그리스도님"으로 자연스럽게 변경하며, "보호자 하느님"도 당연히 그리스도께 적용한다.

> 주 그리스도님, 제 구원의 힘,[98] 제게 당신의 귀를 기울이시고 어서 저를 구하소서! 저의 보호자 하느님이 되시고 저를 구원할 피난처가 되소서.[99]

뒷날 일반화된 양식인 "주 예수 그리스도님, 저에게 자비를 베푸소서"는 아주 처음부터 암시적으로 의미했던 것, 곧 예수 그리스도의 이름 외에는 "사람들에게 주어진 이름들 가운데 우리가 의지하여 구원받아야 할 또 다른 이름은 하늘 아래 없다"[100]는 것을 단지 명시적으로 말할 뿐이다. 그러므로 나중에 거룩한 교부들이 예수 그리스도를 향한 이 구원적 고백을, 예수 이름의 신비주의가 온전히 발달하여 만개할 정도로, 특별히 강조했던 것은 너무도 당연한 일이다. 우리가 보았듯이, "간구로 기도하는" 사람은 맹인과 중풍 병자처럼 예수님 생전에 그분께 도와 달라고 울부짖는 사람들의 대열에 의식적으로 합류하기 때문이다. 그들은 실제로 오직 하느님께만 향할 수 있는 방식으로 이 기도를 드렸고, 심지어 고정된 고백 양식들이 존재하기도 전에 이 방식을 통해서 구원자의 성자 직분에 대한 신앙을 증언하였다.

---

98   시편 140,8.
99   『악한 생각』 34. 마지막 인용문은 시편 30,3(칠십인역).
100 사도 4,12.

예수기도의 첫 번째 부분에 진술된 예수 그리스도가 주님이시라는 고백은, 도움과 자비를 기원하는 두 번째 부분의 청원과 분리될 수 없다. 어느 순간부터 이 두 번째 부분인 메타노이아가 더 이상 필요하지 않다고 생각하는 사람은 누구든 에바그리우스가 눈물에 대해 말한 것을 기억해야 할 것이다.

주님께서는 우리에게 "언제나 기도해야" 한다고 가르치셨다. 그러나 그분은 또한 "기도할 때에는 이방인들처럼 빈말을 되풀이하지 마시오"[101]라고 경고하셨다. 교부들은 이 권고를 가슴 깊이 새겼다. 알렉산드리아의 클레멘스는 이미 참된 영지자에 대해서 이렇게 말했다.

> 그는 주님으로부터 무엇을 위해 기도해야 하는지 배웠기 때문에,[102] 큰 소리로 기도하는 동안에는 많은 말을 하지 않는다. 그는 "어디서나"[103] 기도할 것이지만 공개적인 곳이나 모든 사람이 보는 데서는 기도하지 않을 것이다.[104]

참된 그리스도교 영지자에 대한 이상을 온전히 자기 것으로 삼고 수도승 영성에 통합시킨 에바그리우스는 이 사상을 자세히 설명한다.

기도를 훌륭하게 만드는 것은 단순한 양이 아니라 질이다. 이는 "성

---

[101] 마태 6,7.
[102] 여기서 의미하는 것은 주님의 기도(마태 6,9-13)이다.
[103] 1티모 2,8.
[104] 알렉산드리아의 클레멘스 『양탄자』 7,49,6.

전에 올라간"¹⁰⁵ 두 사람에게서, 그리고 "기도할 때에는 이방인들처럼 빈말을 되풀이하지 마시오"라는 경고 및 이와 비슷한 다른 본문들에서 분명히 드러난다.¹⁰⁶

에바그리우스는 하루에 백 번 기도를 드렸으니 분명히 "양"에 반대했던 사람은 아니다. "양"은 연습과 반복 없이는 진보할 수 없는 '실천적 기도 방식'의 일부다. 그러나 "문자"가 "영"이나 "의미" 없이 존재할 수 없는 것과 마찬가지로, 단순한 양은 이에 부합하는 내적 "질"과 주님께서 친히 가르쳐 주신 그리스도교적 내용 없이는, 하느님을 기쁘게 하는 '훌륭한' 기도를 드릴 수 없다.¹⁰⁷

도덕적이었으나 독선적인 바리사이가 쏟아낸 말은, 죄에 짓눌려 있지만 회개하는 세리의 짧은 기도에 비하면 가치가 없다. 마치 인간에게 무엇이 필요한지 하느님은 모른다는 듯 행동하며¹⁰⁸ 지껄이는 이방인들의 많은 빈말이, 짧지만 신뢰할 수 있는 주님의 기도에 비하면 무가치한 것과 마찬가지다. 그래서 어떤 "기도"를 드려야 하는가라는 물음에 교부들은 거의 예외 없이 일관적으로 주님의 기도를 강조하면서 질문에 답한다.¹⁰⁹

---

105 루카 18,10.
106 에바그리우스 『기도론』 151.
107 바로 앞에 인용한 『기도론』 151장 끝에 나오는 구절 "이와 비슷한 다른 본문들에서"는 에바그리우스가 올바른 기도의 모범으로 주님의 기도를 염두에 두고 있음을 암시한다. 그리스도는 제자들에게 빈말을 되풀이하지 말라고 경고한 다음에 주님의 기도를 가르치셨다.
108 마태 6,8.
109 요컨대 주기도문은 에바그리우스의 작품 『기도론』에서 핵심적 역할을 수행한다.

교부들은, 어떤 상황에서든 누구나 크게 노력하지 않고 드릴 수 있고 심지어 다른 사람들과 같이 있을 때에도 "마음속으로" 드릴 수 있는 작은 화살기도 안에서, 그리고 "골방에서" 소리 내어 진심으로 낭송하는 주님의 기도 안에서도, "양"과 "질"을 결합할 수 있는 길, 곧 정신없는 수다에 빠지지 않고 "언제나" 그리고 "끊임없이" 기도할 수 있는 길을 찾았다.

마지막으로 중요한 것이 있다. 바오로는 테살로니카 신자들에게 "끊임없이 기도하시오"라고 가르쳤을 뿐 아니라 "모든 일에 감사하십시오"라고 덧붙였다.[110] 마음의 기도에서 메타노이아를 추구하는 마음은 실로 주님께서 우리를 위해 하신 모든 선한 일에 대해 감사드리는 것과 완전히 부합한다. 그래서 에바그리우스는 기도를 아래와 같이 "정의"하기도 한다.

> 기도는 기쁨과 감사의 열매이다.[111]

옛 에티오피아 전승은 끊임없는 마음의 기도에 특별한 양식을 부여하는데, 이 양식은 독특한 방식으로 청원과 감사를 하나로 결합한다.

> 공주 수도승인 압바 파울루스가 말했습니다. "형제들 가운데서 지낼 때에는, 일하고, 암송하고, 천천히 하늘을 우러러보며 마음 깊은 곳

Bunge, Geistgebet, Kapitel III: "Das Herrengebet"를 보라.
110 1테살 5,17-18.
111 에바그리우스『기도론』15.

에서 주님께 이렇게 아뢰시오. '예수님, 저에게 자비를 베푸소서! 예수님, 저를 도우소서! 저의 하느님, 당신을 찬미합니다!'"[112]

이 에티오피아 전승은 또한 모든 기도의 참된 신학적 지평을 상기시켜 주니, 바로 "아버지의 영광에 싸여 거룩한 천사들과 함께 오게 될"[113] 주님의 재림을 기다리는 '종말론적 기다림'이다.

> 한 형제가 내게 말했습니다. "보시오. 주님을 기다리는 일은 이런 것입니다. '예수님, 저에게 자비를 베푸소서! 예수님, 저를 도우소서! 살아 계신 저의 하느님 저는 언제나 당신을 찬미합니다!' 하고 외치는 동안 마음은 주님을 향합니다. 그리고 마음속으로 주님께 이 기도를 드리면서 천천히 하늘을 우러러봅니다."[114]

4. 들으소서, 주님, 제가 큰 소리로 부르짖습니다[115]

우리는 사제나 기도 인도자가 회중의 이름으로 공동체 기도를 소리 내어 드리면 그것을 듣는 데 익숙하다. 그러나 혼자 있을 때에는 많은 사람이 보통 말없이 기도드린다. 다른 한편, 성서 시대의 사람들은 이와 달리 낮은 목소리로 혼자 읽었을 뿐 아니라, 마치 하나의 규칙처럼 목

---

112 Apophthegma Eth. Coll. 13,42; 참조: Lucien Regnault, *Les Sentences des Pères du désert*, nouveau recueil, (Solesmes), 298-299.
113 마르 8,38.
114 Apophthegma Eth. Coll. 13,26; 참조: Lucien Regnault, nouveau recueil, 293.
115 시편 27,7.

소리가 들리게 묵상했고 기도했다. 그래서 우리는 시편에서 "간청하는 저의 소리를 들으소서"[116]와 같은 표현을 계속 반복해서 만나는 것이다. 더욱이 시편 저자는 "큰 소리로 주님께 부르짖고"[117] 우리는 그가 하느님께 드리는 "말씀"과 "탄식"을 듣는다.[118]

소리 내어 기도를 드리는 것은 분명히 예외가 아닌 규칙이었다. 그래서 한나가 실로 성전에서 슬픔에 빠져 속으로 빌면서 입술만 움직일 뿐 소리를 내지 않고 기도했을 때, 대사제 엘리는 그이를 술에 취한 여자로 단정했다.[119]

그러므로 신약성서가 우리에게 전하는 기도와 교부들의 저술에서 이런저런 기회에 암송되었다고 알려진 훨씬 많은 기도들을 그저 시적인 창작물로 치부해선 안 된다. 자유롭게 양식화된 기도문들이 모두가 들을 수 있도록 발설되었고, 그래서 "금언"으로 전해 내려올 수 있었다는 것이 고대인들에게는 너무도 자연스러운 일이었다. 사실 사막 교부들의 금언도 그러한 기도들로 충만하다. 어떤 기도는 짧고 단순하며 아주 긴 기도도 있다. 어떻든 모든 기도가 자연스럽다.

압바 대 마카리우스에 대해 이런 이야기가 전해 온다. 그는 넉 달간 매일 스케티스에 있는 형제를 방문했는데 단 한 번도 그 형제가 나

116　시편 28,2 외 여러 곳.
117　시편 3,5 외 여러 곳.
118　시편 5,2; 18,7 등.
119　1사무 1,12 이하.

태한 모습을 보지 못했다. 마카리우스 압바가 다시 그를 방문하고 문밖에 멈추었을 때, 그는 형제가 눈물을 흘리며 기도하는 소리를 들었다. "주님, 제가 당신께 부르짖는 소리를 당신의 귀는 듣지 못합니까? 지치지 않고 당신께 도움을 청하오니, 저의 죄를 굽어살피시어 저에게 자비를 베푸소서.[120]

오늘날 대다수 사람들에게는 이러한 직접적인 감정 표현이 '기도와 묵상'에 대한 그들의 인식과 어울리지 않기에 낯설게 여겨질 수 있다. 그러나 동방 그리스도교의 영적 사부들은 오늘날에도, 기도를 처음 시작할 때에는 물론, 자신의 심장박동과 기도가 실제로 결합될 수 있는 일정한 기간 동안, 마음의 기도를 낮은 목소리로 암송해야 한다고 가르친다. 낮은 목소리로 독서를 하거나 '묵상'을 할 때와 마찬가지로, 낮은 목소리로 기도하는 이 방법이 분심을 통제할 수 있는 훌륭한 지름길임을 그들이 잘 알고 있었기 때문인데, 그렇지 않으면 분심을 극복하기가 너무 어려웠던 탓이다.

방황하는 정신은 독서와 밤샘과 기도로 안정된다.[121]

자신의 목소리를 들으면 성서 말씀이나 시편이나 기도에 더 쉽게 집중할 수 있다. 다른 방식이긴 하지만, 이는 마치 묵주의 기도를 드리면서 묵주알을 굴리면 정신을 집중할 수 있는 것과 같은 이치이다. 오늘날에도 어떤 본문을 암기하고자 하는 사람은 그 내용을 스스로 큰 소리

120 『사막 교부들의 금언집』 Nau 16.
121 에바그리우스 『프락티코스』 15.

나 작은 소리로 낭송할 것이다. 기도는 자체로 순수한 영적 현상이지만, 그럼에도 몸은 기도에 기여할 수 있어야 한다. 이에 대해서는 기도하는 자세를 논하는 4장에서 상세히 다룰 것이다.

그러나 성서 시대의 인간이 "큰 소리로 주님께 울부짖었을 때" 큰 소리나 낮은 목소리로 기도하는 것의 현실적 이점에 대해서 생각했을 가능성은 거의 없을 것이다. 그의 "큰 울부짖음"은 대다수 현대인들이 잃어버린 관계의 직접성에 대한 표현이다. 그가 부르는 주님은 "철학자들의 신"처럼 순수한 추상적 원리나 영지주의자들의 "멀리 있는 신"이 아니라, 자유롭게 인간에게 당신을 계시하시고 인간에게 말씀하시는 "살아 계신 하느님"이며, 당신을 향해 돌아서라고 요구하시는 하느님이시다.

불행의 날에 나를 불러라. 나 너를 구하여 주고 너는 나를 공경하리라.[122] 주님께서는 당신을 부르는 모든 이에게, 당신을 진실하게 부르는 모든 이에게 가까이 계시다.[123]

입이 있어도 말하지 못하고 눈이 있어도 보지 못하며 귀가 있어도 듣지 못하는[124] 우상들과 달리, '가까이 계신 하느님'은 "간청하는 나의 소리를 들으신다".[125] 더욱이 그분 홀로, "사람의 손으로 만든" 것과 같은 은이나 금으로 된 가면이 아니라, 참된 "얼굴"을 지니고 계시다. 그래

---

122 시편 50,15.
123 시편 145,18.
124 시편 115,5 이하.
125 시편 28,2.

서 기도하는 사람은 이 "하느님의 얼굴"을 "찾으며"[126] "구원"될 수 있도록[127] 그분께 "당신 얼굴을 당신 종 위에 비추시기"를 청한다.[128]

이러한 표현들과 하느님을 묘사하는 다른 생생한 언어들은 단순한 시적 은유보다 훨씬 중요한 의미를 지닌다. 구약에서는 하느님 상像이 영성화될수록 하느님에 대한 말은 더욱 "의인화"되며, 역설적이지만 그렇게 되어야 한다. 하느님과 맺는 관계가 비인격적 추상성에 함몰되지 않으려면 말이다. 겉으로는 역설적으로 보이는 이러한 전개 과정과 관련해 가장 자주 인용되는 이들이 바로 구약성서의 예언자들이다. 그들의 하느님은, 뒷날 요한이 말하듯이, 완전히 "영"이시며[129] 이는 이교인들이 하느님을 물상화한 것과 극명한 대조를 이룬다. 정확히 이러한 이유 때문에 예언자들은 감히 전례 없이 구체적인 의인화 방식으로 하느님에 대해 말할 수 있었다.

말씀의 육화와 더불어 하느님의 인성과 우리를 위한 그분의 현존은 상상할 수 있는 모든 한계를 초월하셨다. 예수님('하느님은 구원이시다')[130] 안에서 '하느님은 우리와 함께 계시다'(임마누엘).[131] 아들과 아버지의 깊고 친밀한 관계는 믿지 않는 이들을 그 광채로 눈멀게 하는 빛이다. 아

---

126 시편 27,8.
127 시편 80,4.8.20.
128 시편 31,17.
129 요한 4,24.
130 마태 1,21.
131 마태 1,21; 이사 7,14.

들은 오직 당신을 믿는 사람들에게만[132] '숨겨진 아버지'에게 다가갈 수 있게 하시며, 심지어 육신 아버지에게 어린아이만이 발설할 수 있는 호칭인 '아빠 – 사랑하는 아버지'로 그분을 부를 수 있게 하신다.

그렇다면, 신앙인이 '골방'에서 홀로 그분과 함께 있거나 자기 혼자 있다고 생각할 때, 그가 들리는 음성으로 절대적으로 현존하시는 하느님께 말씀을 드리지 말아야 할 어떤 이유라도 있는가? 그렇다. 기도하는 시간은 온갖 허영심을 경계해야 하는 시간이다. 그러므로 아침과 저녁 시간경의 각 열두 시편에 뒤이어 수도승들이 함께 '기도'하는 중에는, 요한 카시아누스가 자신의 경험을 보고하듯이,[133] "완전한 침묵"을 지켜야 한다. 그러나 마지막으로 중요한 것은 키프로스섬 살라미스의 주교 에피파니우스의 다음 말로 표현된다.

> 가나안 여인은 크게 부르짖어 청을 이루었고,[134] 하혈병을 앓던 여인은 침묵하여 복된 이라고 불렸으며,[135] 입을 열지도 않은 세리가 받아들여지는 동안 바리사이는 [들리는 음성으로] 크게 떠벌려서 단죄받았다.[136]

결국 중요한 것은, 우리가 다른 이들과 함께 있든 홀로 있든 큰소리로 기도하거나 말없이 기도하는 것이 아니라, 에바그리우스가 말하듯이,

---

132 요한 14,1 등.
133 요한 카시아누스 『공주 수도승 규정집』 2,8.
134 마태 15,21 이하.
135 마태 9,20 이하.
136 『사막 교부들의 금언』 에피파니우스 6.

습관적으로만이 아니라 깊은 "감정을 넣어" 기도할 수 있도록 애쓰는 것이다.[137]

기도를 드릴 때 동반하는 깊은 감정(αἴσθησις, 또는 지각/통찰)이란, 자신의 실패를 "말로 다 할 수 없는 탄식으로" 고백하는 가운데 영혼의 경외심과 참회와 비탄이 결합된 [어떤] 진심이다.[138]

마지막으로, 일반적으로 시편을 큰 소리로 낭송하거나 특정한 상황에서 큰 소리로 기도하는 또 다른 이유를 언급해야겠다. 기도하는 사람의 목소리를 하느님만 들으시는 것이 아니라, 악령들도 듣는다! 이 사실을 개인적으로 체험하지 못한 현대인들에게는 아주 이상한 말로 들릴 수도 있을 것이다.

질문: 제가 기도하거나 시편을 낭송할 때 제 마음이 완고해서 아뢰고 있는 말씀의 의미를 알아차리지 못한다면 저에게 무슨 유익이 있겠습니까?
대답: 비록 그대가 [그 의미를] 알아차리지 못한다고 해도 악령들은 여전히 그것을 의식하고 들으며 전율합니다! 그러므로 시편 낭송과 기도를 멈추지 마시오. 그러면 머지않아 그대의 완고한 마음도 하느님의 도움으로 누그러질 것이오.[139]

---

[137] 에바그리우스『기도론』42.
[138] 같은 책 43. 인용구는 로마 8,26.
[139] 바르사누피우스와 요한『서간집』711; 참조: 같은 책 429.

악령들은 특히 '원수들'에 대해 이야기하고 주님께서 그들을 파괴하는 내용을 담은 시편 구절들을 두려워한다. 예컨대, 저주를 내리는 것은 복음 정신과 부합하지 않기에 현대적 감성과 어울리지 않는 듯 보이는 모든 '저주 시편'에 악령들이 '전율'한다는 것이다. "의인은 저주하지 않고 기도한다"[140]는 사실을 잘 알고 있던 교부들은 이러한 본문들을 자연스럽게 영성화했고, 인류의 본질적인 "원수들"을 악령들과 연결시켰다. 주님께서 인류의 원수들을 궁극적으로 파괴하시리라고 묘사한 영성화된 시편 구절을 악령들은 아주 잘 이해했고 두려워했다. 그래서 에바그리우스가 우리에게 확신시키듯이, 그들은 때로 상황을 바꾸려고 시도했던 것이다.

"우리를 포로로 잡아간 자들이 노래를 부르라, 우리의 압제자들이 흥을 돋우라 하는구나. '자, 시온의 노래를 한 가락 우리에게 불러 보아라.'"

나 자신도, 우리에게 "시편과 영가"[141]를 부르도록 강요하는 악령들을 인식하게 되었는데, 시편과 영가에는 우리가 [그들에게] 미혹되어 어긴 바로 그 계명이 담겨 있다. 악령들은 이 계명을 듣고 우리를 "말만 하고 행하지는 않는"[142] 사람이라고 조롱하기 위해서 시편과 영가를 부르도록 강요한다. 그래서 다윗도 "교만한 자들이 저를 두고 비웃지 못하게 하소서"[143]라고 말하는 것이다.[144]

---

140 에바그리우스 『시편 발췌 주해』 108,9,7; 참조: 로마 12,14.
141 콜로 3,16.
142 마태 23,3.
143 인용문은 시편 119,122과 시편 25,2을 합친 것이다.
144 에바그리우스 『시편 발췌 주해』 136,3,2.

교부들은 악에 맞설 뿐 아니라 악한 존재와도 맞서는 이 싸움을 아주 구체적으로 이해했는데, 이 투쟁에서 그들을 큰 소리로 기도하게 하고 무엇보다도 시편을 크게 낭송하도록 이끈 이유는, 곧 살펴보겠지만, 특정한 상황에서 그들을 조용히 기도하도록 이끈 이유와 동일하다.

5. 침묵할 때가 있고 말할 때가 있다[145]

거룩한 교부들은 읽고, 시편을 낭송하고, 묵상하고, 큰 소리로 또는 적어도 들릴 수 있는 목소리로 기도하길 좋아했지만, 이렇게 하는 것이 꼭 지켜야 하는 규칙은 아니었다. 테르툴리아누스는, 하느님은 "목소리가 아니라 마음의 소리를 들으시는 분"이시기에 항상 "낮은 목소리"로 기도할 것을 권고한다. 지나치게 큰 소리로 하는 기도는 이웃에게 방해가 될뿐더러, 더욱 나쁘게는 거리 모퉁이에서 뽐내며 하는 기도와 다름없기에,[146] 본질적으로 보자면 그리스도께서 제자들에게 명시적으로 금지하신 헛된 과시에 불과하다.[147] 알렉산드리아의 클레멘스도 이러한 견지에서 아래처럼 진술한다.

> 이런 이유로 기도는 담대한 표현을 감행하는 일이며 하느님과 하는 대화이다. 그래서 우리가 입술을 열지 않고 그분께 그저 속삭이거나 무언의 기도를 드릴 때에도, 마음속에서는 여전히 큰 소리로 그분께

---

145 코헬 3,7.
146 테르툴리아누스 『기도론』 17.
147 마태 6,5 이하.

울부짖는 것이다. 하느님은 우리 마음의 내적인 목소리를 전부 들으시기 때문이다.[148]

사실 오직 하느님만이 이러한 마음의 소리를 들으신다. "홀로 마음을 빚으신" 그분만이 "마음을 아시는 분"이기 때문이다.[149] 이러한 이유로 악령들은 "마음을 알지 못하며"[150] 우리 인격의 상징적 중심인 "마음"에 직접 다가갈 수 없다. 그러나 앞에서 보았듯이, 우리의 육체적 목소리는 동료 인간만 듣는 것이 아니라 악령들도 듣는다. 그러므로 우리가 하느님과 마음으로 나누는 친밀한 대화의 내용을 악령들이 듣지 못하도록 조심스럽게 숨기는 것은 중요하다.

숨어서 기도한다는 것은 오직 마음과 주의 깊은 정신으로 하느님께만 우리 청을 올리는 것이다. 이렇게 하면 악의 세력이라도 우리 청원의 내용을 알지 못한다. 바로 그것이 최대한 침묵 중에 기도하는 이유다. 이렇게 조용할 때 우리는 중얼거리거나 고함지르는 소리로 옆의 형제를 방해하여 분심을 일으키지 않을뿐더러, 특히 기도할 때 우리를 습격하려는 원수들이 우리 기도의 내용을 알지 못하게 한다. 이런 식으로 우리는 "네 품에 안겨 잠드는 여자에게도 네 입을 조심하여라"라는 계명을 지키게 된다.[151]

---

148 알렉산드리아의 클레멘스 『양탄자』 7,39,6.
149 에바그리우스 『시편 발췌 주해』 32,15,10; 참조: 사도 1,24.
150 에바그리우스 『시편 발췌 주해』 55,7,4.
151 요한 카시아누스 『담화집』 9,35. 마지막 인용문은 미카 7,5.

물론 원수들은, 성령의 영감을 받고 도처에서 그들이 파괴될 것을 공표하는 시편 말씀을 들어야 한다. 이 말씀은 그들을 두렵게 할 것이고 패주시킬 것이다. 이는 에바그리우스가 아래와 같이 권고할 때 염두에 두었던 것이다.

> 그대가 유혹을 받을 때 그대를 괴롭히는 자[악령]에게 분노에 찬 말을 하기 전까지는 기도하지 마라. 그대의 영혼은 [순수하지 않은] 생각으로 시달렸기 때문에, 그대가 드리는 기도는 순수하지 않을 것이다. 그러나 그대가 분노에 차서 원수에게 어떤 말을 할 때 그대는 원수가 일으킨 심상을 저지하고 파괴한다. 실제로 분노는 보통 이러한 효과를 내며, 이는 심지어 선한 심상에도 해당된다.[152]

하느님과 나누는 친밀한 대화의 내용은 악령들에게 비밀로 해야 한다. 그렇지 않으면 우리가 소위 우아한 언변으로 기도함으로써 허영에 빠지는 것과 같은 유혹의 독을 악령들이 서서히 주입할 수 있다.

그러나 큰 소리로 하는 기도는 이웃에게만 폐를 끼칠 뿐 아니라, 상황에 따라서는 기도하는 사람 자신을 방해하기도 한다. 성찰에 도움을 주기는커녕 성찰을 가로막을 수도 있다. 사실 정신을 산란하게 하는 것은 자기 자신의 목소리만이 아니다. 오히려 이는 작은 문제들 중 하나일 것이다. 더욱 분심을 일으키고 방해가 되는 것은 기도하는 중에 불가피하게 사용해야 하는 자신의 말과 생각이다. 실제로 우리가 다루

---

[152] 에바그리우스 『프락티코스』 42.

는 주제를 넘어서기는 하지만, 우리가 온 힘을 기울이며 궁극적으로 지향하는 마음의 침묵에 대해서는 여기서 간략히 다루는 게 좋겠다.

에바그리우스는 『기도론』에서 알렉산드리아의 클레멘스의 기도에 대한 아름다운 정의를 수용하고 자신의 방식으로 더욱 심화한다. 클레멘스에 따르면, 기도는 "하느님과 하는 대화(ὁμιλία)"이다. 에바그리우스는 "하느님과 지성(νοῦς)이 어떤 중재도 없이 나누는 대화"라고 덧붙인다.[153] 그래서 이 "참된 기도"는 직접적인 사건으로, 오늘날 우리는 이를 하느님과 인간의 "인격적" 만남이라고 부를 것이다.

그러나 우리가 열망하는 이 직접성을 방해하는 것은 우리의 목소리와 말뿐 아니라, 불가피하게 우리 마음에 남는 '심상들'(νοήματα), 곧 이 세계의 물질적인 것들에서 우리가 끌어온 '자국'과 '상'像들이다. 이들은 모두 하느님과 우리 사이에 제시되는 어떤 '중재'이기 때문에 직접성을 방해한다.

직접성을 가로막는 이 심상들에는 정념적이고 죄스러운 '생각들'[154]만이 아니라, 피조물에 대한 생각이나 심지어 지극히 숭고한 하느님에 관한 생각들도 모두 포함된다. 하느님은 육체적 존재가 아니기에,[155] 하느님에 대한 '생각' 자체가 우리 마음에 '자국'이나 '상'을 남기지 않는다 하더라도, 모든 심상은 직접적이고 중재 없는 관계를 방해하며

---

153 에바그리우스 『기도론』 3.
154 참조: 같은 책 55.
155 에바그리우스 『시편 발췌 주해』 140,2,1.

우리를 인간적 관심사에 붙들어 매게 하기 때문이다.[156]

간결하게 표현하자면, 진심으로 기도하길 원하는 사람은 "모든 심상을 떠나야 한다".[157] 이러한 여읨(στέρησις)은 영성 생활의 상승과 부합하는 점진적인 과정이며, 여러 비그리스도교적 '명상' 방법들에서 종종 발견되는 어떤 '기술'로 성취할 수 있는 게 아니다.

이 일에는 분명히 우리의 몫이 있지만 이러한 '초월'을 우리 힘으로 완성할 수는 없다. 영적 여정의 궁극적 목적지인 하느님은 절대적으로 자유로이 인간에게 향하시는 '인격'이시기 때문이다.[158] 참된 기도 또는 '관상' 기도에 대한 아래의 정의가 가르치듯이, 그리스도교 신비주의에서 '조명'은 언제나, 자유로우면서도 완전히 무상으로 베푸시는 삼위일체 하느님의 자기 계시이다.

> 기도는 거룩한 삼위일체 하느님의 유일한 빛으로 [조명을 받은] 마음(νοῦς)의 상태이다.[159]

인간은 삼위일체 하느님에 대한 직접적 인식의 상징인 "거룩한 삼위일체의 빛"을 통제할 수 없다. 에바그리우스는 거룩한 삼위일체의 위격들이 "나타나고" 스스로 우리에게 "현시하신다"는 등의 표현을 반복해

156　에바그리우스『기도론』56-58.
157　에바그리우스『성찰』2.
158　참조: 에바그리우스『편지 62통』39,3.
159　에바그리우스『성찰』27; 참조: Bunge, Geistgebet, Kapitel IV: Der "Zustand des Intellektes".

서 강조하면서 주도권이 전적으로 하느님께 있음을 분명히 밝힌다.

피조물에 대한 모든 생각을 초월하지 않는 한, 지성은 자기 내부에서 "하느님의 장소"[160]를 관상하지 못한다. 생각으로 말미암아 감각적 사물에 스스로를 속박하는 정념을 제거하지 않는다면 지성은 피조물에 대한 생각을 초월할 수 없다. 이제 지성은 덕을 통해서 정념을 제거하겠지만, 다른 한편으로는 영적 관상을 통해서 단순한 생각들[161]을 제거할 것이다. 기도를 드리는 중에 "하느님의 장소"를 보여주는 빛이 지성을 비출 때 이런 [단순한 생각들을 없애는] 일이 발생한다.[162]

창조된 영은 하느님의 인격적 현존의 표징인 "거룩한 삼위일체의 빛"을 자기 외부에서 보는 것이 아니라, 명료하게 진술하듯이, "자기 내부에서" 본다. 그 영이 바로 하느님이 인격적으로 현존하는 "장소"이기 때문이다.[163] 이 영은 "하느님의 모상으로" 창조되었기에 마치 지성적인 "거울"[164]과 같아서, 하느님을 기쁘게 할 때면 거기에는 언제든 신성한 빛이 비친다. 이를 어떤 "기술"로 달성하고자 하는 것은 참된 기도의 모방에 불과하며, 이러한 모방을 통해서는 하느님께 더 가까이 갈

---

160 참조: 탈출 24,10(하느님의 발밑에 있는 바닥).
161 여기에서 의미하는 것은 "형상"도 아니고 우리 "마음에 남기는 자국"도 아닌 단순한 인식 내용이다. 참조: 에바그리우스『악한 생각』41,1-3.
162 같은 책 40.
163 에바그리우스『성찰』2. 4.
164 참조: 에바그리우스『영지에 관한 문제들』2,1.

수 없고 오히려 그분을 격노하게 한다.[165]

어떤 사람이 신비로운 "기도의 장소"[166]에 들어가는 흔치 않은 은총을 받았다면, 완전히 새로운 이 상황에 적응하여 행동하는 것이 바람직하다. 포티케의 디아도쿠스가 가르치듯이, 이런 은총을 받은 사람은 실제로 아주 자연스럽게 적응하고 행동한다.

> 영혼이 그 본연의 열매로 충만할 때 그 영혼은 시편을 큰 목소리로 낭송하며 무엇보다도 큰 소리로 기도하길 열망한다. 그러나 영혼 안에서 성령이 활동할 때에는 시편을 아주 부드럽고 감미롭게 낭송하며 마음속으로만 기도한다. 첫 번째 상태에는 심상과 결합된 기쁨이 동반되고, 두 번째 상태에는 영적 눈물이 동반된다. 그다음에는 침묵을 사랑하는 마음의 기쁨이 뒤따른다. 목소리를 절제하여 영혼의 온화함을 유지하도록 돕는 [하느님에 대한] 기억은, 마음이 눈물을 흘리고 아주 관대한 생각을 할 수 있게 하기 때문이다.[167]

영성 생활의 스승들은, 자신의 행동이나 스스로 부과한 '규칙'에 고집스럽게 집착함으로써 이러한 '성령의 방문'[168]을 방해하는 것을 분명하게 경고한다. 이러한 순간에 유효한 유일한 법은 시리아 신비가 요셉 하자야가 가르치는 것처럼 "하느님 자녀의 자유"에 관한 법이다.

---

165 에바그리우스 『기도론』 146.
166 같은 책 57 외 여러 곳.
167 포티케의 디아도쿠스 「영적 완성에 관한 단상 100편」 73.
168 에바그리우스 『기도론』 70.

암자의 모든 문을 닫고 안쪽 방으로 들어가 새소리조차 들리지 않는 곳에서 어둠 속에 홀로 앉으십시오. 그리고 시간경을 드리는 시간이 오면 일어서지 않도록 주의하세요. 그렇지 않으면 금 한 탈렌트를 [단지] 잠깐 동안만 단맛을 주는 무화과와 바꾸는 무지한 어린이처럼 될 것입니다. 그러나 그대가 현명한 상인처럼 "값진 진주"를 발견했다면, 그것을 언제나 그대 앞에 있는 비천한 것과 바꾸지 마십시오. 그렇지 않으면 영적 음식인 만나를 멸시하고 이집트인들의 혐오스러운 음식을 갈망했던 사람처럼 되고 말 것입니다.[169]

수도승들의 절대적 의무였던 시간경을 바치지 않는 것도 허용되는 이러한 자유는, "기도 시간에 지성을 둘러싼 신성한 빛이 비추는 한" 유효하다.[170] 성령께서 물러가시면 기도하는 사람은 이 '장소'를 반드시 떠나야 하는데, 그는 떠나자마자 겸손과 신실함 속에서 일상의 활동을 이어간다.[171]

그러나 '기도의 장소'에서 침묵해야 하는 것은 입술만이 아니다! "형언할 수 없는 분에 대한 침묵의 예배"[172]는 또한 무엇보다도 '마음'의 침묵을 의미하며, 앞서 보았듯이 하느님에 대한 모든 생각의 침묵을 의미한다.

169 요셉 하자야 『세 단계에 관한 편지』 S. 159.
170 에바그리우스 『악한 생각』 30,16 이하.
171 요셉 하자야 『세 단계에 관한 편지』 S. 159.
172 에바그리우스 『그노스티코스』 41.

역설적이지만, 위에서 인용한 시리아 교부가 가르치듯이, 흠숭하는 침묵이 궁극적인 것은 아니다. 만일 성령께서 기도하는 사람을 "거룩한 삼위일체의 빛"으로 인도하면, 결국 그 사람 안에서는 밤과 낮에도 결코 마르지 않는 신비한 "말씀"의 샘이 분출하기 때문이다.[173] 에바그리우스는 이 놀라운 체험을 이렇게 설명한다.

"영과 진리 안에서 기도하는"[174] 사람은 더 이상 피조물을 통해 창조주를 경배하지 않고, 그분을 위해 그분 안에서 그분을 찬미한다.[175]

결국 이러한 기도가 앞서 언급한 "어떤 중재도 없이 하느님과 나누는 대화"이다. 피조물은 제아무리 숭고하다 하더라도 여전히 인간과 하느님 사이의 중재자로 머물기 때문이다. 요한 복음서 4장 23절에 대한 에바그리우스의 해석에 따르면, "영과 진리"는 성령과 외아들의 위격을 의미하며,[176] 피조물이 아니라 제2차 보편 공의회(381년 콘스탄티노플 공의회)의 신경이 가르치는 것처럼, "하느님에게서 나신 하느님"이다.

'참되고 영적인' 기도를 통해서 본디 의미에서 "신학자"가 된 사람은[177] "어떤 중재도 없이", 곧 피조물이나 정신적 개념 또는 관상의 중재 없이, 가장 높은 차원의 기도를 드리며 성령과 성자를 통하여 직접 아버지

173　요셉 하자야『세 단계에 관한 편지』S. 156 이하.
174　요한 4,23. 영과 진리 안에서 기도한다는 말은, 에바그리우스가『기도론』59장에서 가르치듯이, 성령과 성자 안에서 아버지께 참된 예배를 드린다는 뜻이다.
175　에바그리우스『기도론』60.
176　같은 책 59.
177　같은 책 61.

를 찬미한다. 그는 이제 더 이상 전해 들은 말로 하느님에 대하여 이야기하지 않고, 친밀한 친교를 토대로 삼위일체를 증언하기 때문에 "신학자"가 된 것이다.[178]

만일 "영원한 생명"이 "홀로 참된 하느님이신 아버지를 알고 또한 아버지께서 파견하신 예수 그리스도를 아는 것"[179]이라면, "영과 진리 안에서" 드리는 기도야말로 이러한 종말론적 행복을 참으로 미리 맛보는 것이다.

---

178   에바그리우스 『수도승을 위한 금언집』 120.
179   요한 17,3.

IV

기도하는 자세

오늘날 우리는 '육체에 적대적인' 그리스도교가 영성 생활에서 몸의 중요성을 지나치게 과소평가한다는 비난을 듣는다. 동아시아 종교의 특징인 정좌와 호흡 등 정교하게 연마한 '방법들'을 놓치고 있다는 것이다. 사람들은 영성 생활에서 '머리'를 강조하는 것으로부터 벗어나 '몸으로 기도'하고자 열망하고 있다.

그러나 이러한 비난은, 부분적으로는 그리스도교적 '방법들'이 비그리스도교적 종교들의 방법과 같은 유형일 것이라고 전제하는 오해에 기반을 두고 있으며, 또 단순한 무지에 근거하고 있기도 하다. 프란츠 요제프 될거가 17세기 초반의 책을 읽으면서 했던 탄식은 한때 교부들이 알고 실천했던 것을 점차 등한시하게 된 사정을 아주 잘 묘사하고 있다. "고대인들이 이미 알고 있었다는 사실, 그리고 그 후손들은 정말로 많은 것을 잊어버렸다는 사실에 나는 무척 놀랐다."¹ 그러나 서양의 영성 생활에서도 기도하는 자세가 오늘날의 경우처럼 언제나 빈약했던 것은 아니었다. 시리아 신비가 요셉 부스나야(†979)가 진술했고, 아래에서 상세히 논의할 모든 몸의 자세는 한때 동방과 서방의 공동 자산이었다.

시간경을 드리면서 절을 하고 손을 펼쳐 들고 기도 중에 오랫동안 무릎을 꿇는 자세는, 하느님의 현존 앞에서 시간경을 계속 드리는 동안 수도승에게 영의 굴복과 겸손, 마음의 따뜻함과 몸의 정화, 영혼의 열정과 성실한 생각을 부여합니다. 부복과 절과 손 뻗기와 무릎 꿇음이 없이 드리는 형제들의 시간경은 대개 차갑고 얕으며, 형제들이 드리는 기도도 마찬가지일 것입니다. 그러므로 온 힘을 다하여 열렬하고 용기 있게 이 일에 헌신하여 형제의 봉헌이 하느님을 기쁘게 하도록 하시오.²

전례학자들은 이러한 글이 서양 중세 저자에 의해서도 쓰일 수 있다는 것을 아주 잘 알고 있다. 예를 들면, "성 도미니코의 아홉 가지 기도 방식"을 들 수 있다. 우리는 삽화가 있는 이 글의 사본에서 깊이 절하는 자세, 부복, 무릎 꿇기, 서 있는 자세, 십자가 형태로 팔을 벌리고 기도하는 자세, 앉아서 명상하는 자세 등을 볼 수 있는데, 이 자세들은 모두 암자의 동쪽 벽에 있는 십자가를 향하고 있다.

1   F.J. Dölger, Beiträge zur Geschichte des Kreuzzeichens I, JbAC 1 (1958), S. 5.
2   J.-B. Chabot, "Vie du moine Youssef Bousnaya", ROC IV (1899), S. 411.

다양한 이유로 이 모든 신체적 표현에 담긴 풍요로움은 새 천년이 시작된 이래 조금씩 사라졌고, 현대에는 무릎을 꿇는 자세만 남게 되었다. 신앙인들은 오늘날에도 공동 예배를 드리는 전례나 개인 기도를 드리는 중에 이 목적을 위해 특별히 제작된 장궤 틀에 무릎을 꿇는다. 그러나 최근에는 많은 교회에서 무릎을 꿇고 기도하는 사람들이 사라졌고 이와 더불어 기도를 드리기 위해 무릎을 꿇는 관습도 사라지고 있다.

교회가 간직하고 있는 '본디의, 글로 쓰이지 않은 전통'이 우리를 위해 보관하고 있는 기도 자세는 무엇이며, 거룩한 교부들은 어떤 정신으로 그 자세들을 사용했는지 살펴보자.

1. 일어나 기도하시오[3]

현대 서양인은 스포츠와 온갖 운동을 중요시하지만 영성 생활은 앉아서 하는 존재가 되었다. 공동 예배 대부분의 시간을 앉아서 보낼 뿐 아니라, 개인적인 '명상'도 편안하고 안락한 방석이나 작은 의자에 앉아서 한다.

현대인의 기도 자세와 성서 시대 사람들 및 교부들 특유의 기도 자세 사이에는 얼마나 큰 차이가 있는가! 기도하는 사람의 특징은 편안하게

---

3 루카 22,46.

앉아 있는 것이 아니라 힘들여 서 있는 것이다. 독선적인 바리사이이든 멀찍이 서서 감히 눈을 들 생각도 못 하는 회개한 세리이든,[4] 기도하는 사람은 "주님의 집"과 "하느님의 집 앞뜰에 서"[5] 있고 "하느님의 거룩한 곳에 서"[6] 있다. 그러므로 그리스도께서 당신 제자들에게 "일어나 기도하시오"[7]라고 권고한 것은 아주 자연스럽다. 이와 달리 "사람들에게 드러나 보이려고 회당과 거리 모퉁이에 서서 기도하기를 좋아하는 위선자들처럼 기도하지 마시오"[8]라고 경고하시기도 한다. 그래서 마르코 복음서 11장 25절에서는, 몇몇 곳에서 보이는 것처럼 일반적인 의미로 '여러분은 기도할 때'라고 말씀하시지 않고, 아주 분명하게 "여러분이 서서 기도하려고 할 때에"라고 말씀하신다.

초기 교회는 어떤 단절 없이 성서적이고 사도적인 전승을 계승했다. 3세기 초반 로마의 히폴리투스가 저술한 『사도 전승』은 "식후에는 기도를 드리기 위해 일어서야 한다"고 전한다.[9] 여기에서 언급하는 것은 성찬례와 연결된 식사 후에 드리는 공동 기도이다. 그리스도인들은 오늘날에도 보통 식후에는 기도를 드리기 위해서 일어선다. 그러나 개인 기도에 대해서는 교부들과 영성 생활의 스승들이 다르지 않았다.

압바 아르세니우스에 관해 또 이런 이야기가 전해진다. 그는 토요일

---

4 루카 18,11. 13.
5 시편 134,1; 참조: 135,2.
6 시편 24,3.
7 루카 22,46.
8 마태 6,5.
9 히폴리투스 『사도 전승』 c,25.

저녁 주님의 날이 시작될 때, 태양을 등지고 서서 태양이 다시 자기 얼굴을 비출 때까지 하늘을 향해 손을 뻗쳐 기도했다. 그런 다음 자리에 앉았다.[10]

대 아르세니우스는 이집트 사막에서 엄격한 금욕가가 되기 전에 비잔틴 궁정의 고위 관료였고 왕자의 교사이기도 했다. 더욱이 그는, "만일 수도승이 훌륭한 전사라면 한 시간의 수면으로 충분하다"고 여겼다.[11] 위에 인용한 본문은 주일 전날 밤을 묘사하고 있다는 것에 주의해야 한다. 수도승들은 대개 초기 그리스도인들이 했던 것처럼 그리스도의 재림을 기다리면서[12] 주일 전날을 밤샘과 기도로 보냈다.

그러나 기도하기 위해 일어서는 것은 일반적인 관습이었다. 대 안토니우스는, 수도승이 자기 암자에서 계속 은둔하며 살면서도 권태를 피할 수 있는 방법을 한 천사에게서 배웠다. 앉아서 일하는 그는 서 있는 동안에 기도하기 위하여 규칙적으로 일어서곤 했다.[13] 이러한 예들은 무척 많이 있지만 아래 한 가지 예로 충분할 것이다.

어느 날 압바 시소에스의 제자 아브라함이 악령의 유혹을 받았고, 원로는 그가 유혹에 굴복한 것을 보았다. 그리고 나서 원로는 일어서서 하늘을 향해 손을 펼쳐 말했다. "하느님, 당신이 원하든 원하지

---

10 『사막 교부들의 금언』 아르세니우스 30.
11 같은 책, 아르세니우스 15.
12 참조: 『열두 사도들의 가르침』 10,6.
13 『사막 교부들의 금언』 안토니우스 1.

않든, 당신께서 그를 치유해 주실 때까지 저는 당신을 떠나지 않겠습니다." 그러자 그 형제는 즉시 치유되었다.[14]

물론 기도하기 위해 일어서는 관습이 오직 서 있는 동안에만 기도해야 한다는 뜻은 아니다.

> 그러나 우리가 강조하는 것처럼 [특별한] 상황이 아닌 한, 이를 [일어서서 손을 펼쳐 들고 눈을 들어 기도하는 것을] 지체하지 않고 행해야 한다. 몇몇 상황에서, 이를테면 가볍지 않은 발 질환 때문에 앉아 있는 동안 기도할 수 있고, 열병이나 그 비슷한 질병 때문에 누워서도 적합한 방식으로 기도하는 것이 허용된다. 게다가 특별한 상황에서, 예를 들면 배를 타고 여행 중일 때에나 우리가 물러나서 기도해야 하는 의무를 수행하는 것이 허용되지 않는 상황에서는 [겉으로] 기도하는 것처럼 보이지 않더라도 기도를 드리는 것이 가능하다.[15]

그러나 상식적으로 자명한 이러한 예외들은 일반적인 규칙을 입증해 줄 뿐이다. 하느님께 기도하길 원하는 사람은 보통 서서 기도드린다. 영성 생활의 대가들이라면 일반적이지 않거나 잘 알려지지 않은 특별한 '방법'을 사용했을 것이라고 기대할지 모르겠지만, 그들의 의견도 다르지 않았다. 예를 들어, 에바그리우스의 유명한 『기도론』에 나

---

14 같은 책, 시소에스 12.
15 오리게네스 『기도론』 31,2.

오는 유일한 몸의 자세는 '기도 중에 서 있는 것'¹⁶이다. '기도의 경지' (κατάστασις προσευχῆς) 자체를 포함해, 수도승이 '기도 시간에 참여하는' 모든 놀라운 일들은 그가 '기도하기 위해 일어설' 때 발생한다. 이러한 사실은 에바그리우스가 전해 주는 기도의 '신비주의' 차원에도 들어맞는다. 결국 수도승이 기울이는 모든 노력은 본성상 지극히 방황하기 쉬운 지성을 '멈춰 세우는 데' 그 목적이 있기 때문이다.¹⁷

> 사슬에 묶인 사람은 달릴 수 없으며, 정념의 노예가 된 지성은 영적 기도의 장소를 볼 수 없다. 정념적 생각에 끌려다니는 지성은 확고히 설 수 있는 자리를 가질 수 없기 때문이다.¹⁸

이 '정념적 생각'은 그토록 바라던 '기도의 경지'를 파괴하며,¹⁹ 따라서 기도하는 사람이 주님을 향해 꾸준히 나아가고 어떤 중재도 없이 그분과 대화하는 것을 방해한다.²⁰

이에 따라서 질문이 제기된다. 성서의 사람은 왜 서 있는 동안 기도하는가? 왜 교부들은 보통 기도하기 위해 일어서는가? 오늘날 많은 서양인들은 기도하기 위해 더 이상 무릎을 꿇지 않고, 의식적으로 편하고 안락한 자세를 취하는 반면, 정교회 신앙인들은 공동 예배나 개인 기도를 드릴 때에도 서서 기도하는 것을 선호한다는 사실을 고려한다면,

---

16 같은 책 9. 10. 29. 41. 45. 49. 105. 153.
17 참조: 에바그리우스 『프락티코스』 15.
18 에바그리우스 『기도론』 72.
19 같은 책 27.
20 같은 책 3.

이 질문에는 근거가 없지 않다. 교부들도 아주 이른 시기부터 이 질문을 곰곰이 생각했다.

> 수많은 몸의 자세들 중에서 손을 펼쳐 들고 눈을 위로 드는 자세가 [다른] 모든 자세보다 선호되어야 한다는 것은 누구도 의심하지 않을 것이다. 이 자세로 기도하는 사람은 기도하는 동안 자기 영혼에 어울리는 특별한 상태의 상像을 몸에도 전달하기 때문이다.[21]

오리게네스의 이 발언은 근본적으로 중요하며 모든 기도 방법과 기도 자세에 적용된다. 실제로 그는 기도 방법과 자세 몇 가지를 언급한다. 기도하는 동안 영혼의 특별한 상태와 우리가 취하는 몸의 자세는 온전히 상응해야 한다. 테르툴리아누스가 성사에 대해 말하는 것, 곧 가시적이고 육체적인 활동과 비가시적이고 영적인 은총의 작용 사이의 관계에 대해 말하는 것은 기도와 기도하는 자세에도 적용할 수 있다.

> 몸이 씻기는 것은 영혼이 그 흠에서 벗어날 수 있기 위함이다. 몸이 기름부음을 받는 것은 영혼도 축성받기 위함이다. 몸에 [십자가를] 그어 표시하는 것은 영혼도 강해질 수 있도록 [보호받을 수 있도록] 하기 위함이다.[22]

성사적 행위처럼 기도의 방법과 자세도 의미를 지녀야 한다. 곧, 영혼에서 일어나는 일이 몸에서도 가시적으로 재현되어야 한다. 성서적 이

21　같은 책 31,2.
22　테르툴리아누스『육의 부활』8.

해에 따르면, 기도하기 위해 일어서는 행위는 창조주의 숭고한 엄위 앞에서 피조물이 몸으로 깊은 존중심을 표현하는 것이다. 그분의 현존 앞에서는 천사들도 일어선다.[23] 낮은 존재는 높은 존재 앞에서 일어서며, 높은 존재가 현존해 있는 동안에는 그대로 서 있기 때문이다. 예를 들어, 하느님께서 아브라함에게 말씀하실 때 아브라함은 자신이 단지 "먼지와 재에 지나지 않는 몸"이라는 것을 온전히 인식하면서 그분 앞에 서 있었다.[24]

그러나 외적인 자세는 내적 태도를 육체적으로 표현할 뿐 아니라 내적 태도에도 직접 영향을 끼친다. 하느님 앞에서 서서 경건하게 기도하는 사람은 그만큼 경외심도 커진다. 서 있으려고 애쓰지 않고 다른 기도 자세들을 실천하지 않는다면, 우리의 기도는 결코 합당한 열정을 얻지 못할 것이며, 요셉 부스나야가 말한 것처럼 '대개 차갑고 얕은' 상태에 머물고 말 것이다.

그러므로 내적 상태와 외적 자세 사이에는 참된 상호성이 있다. 이 상호성은 영혼이 육체적 자세를 통해 창조하는 영혼의 '특별한 상태'로, 오리게네스가 같은 맥락에서 말하듯이, 영혼에 어울리는 상像이며, 이는 항상 몸의 자세보다 선행한다. 만일 이러한 상이 생기게 되면, 그에 상응하는 적합한 자세가 형성되었고 구원사의 과정에서 하나의 '전통'이 되었다고 해도, 개인은 자신의 '내적 상태'에 해를 끼치지 않고서는 그 상을 버릴 수 없다. 다른 한편, 요셉 부스나야가 가르치는 것처럼,

23　루카 1,19.
24　창세 18,27; 참조: 창세 18,22.

IV 기도하는 자세

개인은 (영혼이 몸의 자세를 통해 창조한) 그 상을 자신의 것으로 만들고 열심히 '실천'함으로써 한때 그 자세를 창조했던 똑같은 내적 상태를 자신 안에서 형성하고 강화한다.

인류의 다양한 문화에 성서 메시지가 도입되는 것을 강조하고 장려하는 시대에, 확연히 영속적인 의미를 기도의 외적 측면에 부여하는 것은 많은 사람들을 놀라게 할 수 있다. 그러나 교부들은 분명히 이를 문제 삼지 않았다. 기도의 외적 측면이 중요하다는 수많은 증언들은 서로 다른 시대, 다양한 문화적 영역에서 발견된다. 문화적으로 결정되는 감수성의 차이도 라틴 교부 테르툴리아누스나 시리아 신비가 요셉 부스나야에게 중요하지 않은 것처럼 보인다.

교부들은 기존 관습을 받아들이거나 그 관습에 그리스도교적 의미를 부여할 준비가 되어 있었지만, 계시와 더불어 인류 역사에 들어온 특별한 것들을 포기하려고 하지는 않았다. 그리스도 안에는 "그리스인도 유대인도, 할례자도 할례 받지 않은 자도, 야만인도 스키티아인도"[25] 없기 때문에, 모든 문화적 장벽이 허물어진 것이다.

이러한 이유로, 갈등이 발생할 경우에는 성서적 전통이 대담한 문화 비평이 된다. 예를 들어, 엄격주의자였던 테르툴리아누스는 그리스도인들 사이에서도 널리 퍼져 있던 기도 후에 앉는 이교인의 관습을 받아들이고자 하지 않았다. 그리스도인의 하느님 관념은 이교인의 신 관념

---

25 콜로 3,11.

과 다를 뿐 아니라, 그들이 믿는 하느님이신 유일하신 참된 하느님도 이교의 신과 다르기 때문이다.

> 아주 두렵고 존경하는 분 앞에서 앉는 것이 무엇보다도 무례한 일이라면, 기도의 천사[26]가 서 있는데도 살아 계신 하느님 앞에서 그렇게 앉는 행위는 과연 얼마나 불경건한(비종교적인) 일인가. 이는 기도가 우리를 피곤하게 만들었기 때문에 하느님께 항변하는 꼴이 아닌가.[27]

기도 중에 하느님 앞에 경건하게 서 있다는 말이 그리스도인에게 의미하는 바는, 그가 하느님의 위격(인격성) 안에서 가장 확실하게 현존하는 대화 상대를 의식하고 있다는 뜻이다. 우리는 오직 "살아 계신 하느님" 앞에서만 경외심을 가질 수 있고 스스로 '인격'임을 의식할 때에만 그렇게 할 수 있기 때문이다. 그리스도인은 자신이 하느님을 위해서(아우구스티누스) 창조된 인격이라는 계시를 통해 하나의 진리를 이해하는데, 이 진리는 하느님의 절대 위격과의 만남 안에서만 온전히 경험될 수 있으며, 인간의 이해 범주를 영원히 초월하는 사건이다.

예컨대 이교의 경우처럼 하느님의 인격성을 계시하는 지식이 부재한 곳에서는, 신들은 그저 비인격적 신성이 의인화된 것에 불과하고, 따

---

26 여기서 의미하는 바는 아마도 "우리의 기도(봉헌)를 거룩하신 분 앞에 가져다주는" 천사일 것이다. 토빗 12장 12절과 1코린 11장 10절도 이러한 관념을 암시하는 것일 수 있다. 모든 사람에게는 자신의 수호천사가 있기에, 오리게네스 또한 기도로 결합된 신자들의 모임과 함께하는 천사적 능력에 대해 이야기한다. 참조: 오리게네스 『기도론』 31,5.
27 테르툴리아누스 『기도론』 16.

라서 개인의 고유한 인격성에 대한 지식도 누락되어 있으며, 인간은 자동적으로 다른 자세를 채택하게 된다. 사람들은 비인격적 '절대자'에게 향할 수 없고, 그것 앞에서 경외심을 가질 수도 없으며, 그것을 향해 눈을 위로 들거나 손을 뻗을 수도 없다. 사실 사람들은 대화 상대자가 아닌 것에 기도를 드리지 않으며, 기껏해야 스스로 고독 속에 잠길 뿐이다.

한때 존재했던 하느님의 인격성에 대한 지식 및 하느님과 관련된 개인의 인격성에 대한 지식이 "내면성"이라는 거짓 감정 속으로 사라지거나 증발되는 곳에서는, 우리가 서구 그리스도교에서 관찰할 수 있듯이, 외적 행동도 미세하게 바뀌게 된다. 그래서 사람들이 언제든 이러한 '신성'에 몰두할 때면, 가능한 한 자신에게 편안한 상황을 아주 자연스럽게 조성하게 된다. 오늘날 우리가 성서와 교부들의 정신에서 얼마나 벗어나 있는지는 신비가 에바그리우스의 다음 본문으로 확인할 수 있다.

당신 섭리로 모든 것을 포용하시는 전능하신 창조주 하느님 앞에서 기도하며 설 때에, 그대는 모기와 딱정벌레에는 놀라면서 모든 것을 능가하는 하느님에 대한 두려움은 간과하고 있으니, 왜 그토록 비이성적으로 그분 앞에 서 있는가? "너희는 주 너희 하느님을 경외하라"[28]라는 말씀이나 "당신의 권능 앞에서 모든 피조물은 두려워 떠니

---

[28] 신명 6,13.

다"²⁹라는 말씀을 그대는 듣지 못했는가?³⁰

기도하는 사람은 하느님 앞에 경건하게 서 있는 것에서 주의를 다른 곳으로 돌리게 하는 어떤 것도 수용하지 말아야 한다. 성가신 "모기와 딱정벌레"³¹에 불과한 악령의 모습은 물론, 우리의 약함과 사악함을 의식하는 것도 허락하지 말아야 한다. 원수들은 "우리를 기도에서 떼어 놓게 하기 위해서, 우리가 더 이상 주님 앞에 서지 못하게 하며 우리가 불경한 생각을 품었던 그분을 향해 감히 손을 뻗지 못하도록"³² 악한 생각을 이용하여 우리 귀에 속삭이기 때문이다.

2. 저의 손 들어 올리니 저녁 제물로 여겨 주소서³³

우리가 살펴본 것처럼, 성서적 기도의 기본자세는 하느님 앞에 서는 것이다. 그러나 교부들은 그저 서 있지만 않았고 하늘을 향해 손을 높이 들었다. 초기 그리스도인들은 손을 펼쳐서 기도를 드리는 자세가 자신들의 특징적인 자세라고 느꼈을 것이기에, 초기 그리스도교의 수많은 성화상이 증언하듯이, 손을 펼쳐서 기도를 드리는 자세로 자신들

---

29 참조: 므나쎄의 기도 4 칠십인역.
30 에바그리우스『기도론』100.
31 실제로 교부들은 악령을 이렇게 여겼다. 참조:『사막 교부들의 금언』대 마카리우스 33(여기서는 악령이 파리처럼 다가온다); Lucien Regnault, *Les Sentences des Pères du désert*, Troisième Recueil, (Solesmes), 177(작은 동물이나 모기, 해충 등으로 묘사한다).
32 에바그리우스『프락티코스』46; 참조:『기도론』90.
33 시편 141,2.

이 묘사되기를 선호했을 것이다. 그러나 이 자세는 널리 퍼져 있었고 그리스도인들만 사용했던 자세도 아니기에 그리스도인들이 이 자세에 부여했던 특별한 의미를 물어보아야 할 것이다.

이교인과 배교자는 우상 앞에 엎드려 예배하고[34] 이 '낯선 신'에게 헛되이 손을 펼치지만,[35] 그들이 손수 만든 이 말 없는 물체는 다른 인간보다도 도움을 줄 수 있는 능력이 없다. 이와 달리 신앙인은 '하늘과 땅을 창조하시고' 당신 뜻대로 모든 것을 이루실 수 있는[36] '하느님의 이름'을 부르며[37] 자기 손을 들어 올린다. 그는 절망 속에서 '소리 높여 하느님께 부르짖을 때' '밤에도' 손을 벌린다.[38] 신앙인은 손을 들어 올리는 것만이 아니라, 그의 '영혼이 메마른 땅'[39]과 같을 때에는 하느님의 생수를 갈구하면서 그분께 '두 손을 펴' 든다.[40] 하느님은 당신의 말씀과 계명으로 온전히 당신 자신을 인간에게 전달하셨기 때문에, 기도하는 사람은 '자신이 사랑하는'[41] 하느님의 뜻이 반영된 말씀과 계명을 향해 탄원하고 갈망하면서 상징적으로 두 손을 쳐든다.

손을 펴 들고 기도하는 자세는 고대부터[42] 성서 시대 사람들의 관습이

---

34 시편 97,7; 105,19.
35 참조: 시편 44,21.
36 시편 115,3 이하.
37 시편 63,5.
38 시편 77,3.
39 시편 143,6.
40 시편 88,10.
41 시편 119,48.
42 참조: 탈출 9,29.

었고, 그리스도와 사도들도 이에 따라 기도드렸다. 예를 들어 바오로는 신자들에게 "화를 내거나 말다툼을 하지 말고 어디서나 거룩한 손을 들어 기도하기를"[43] 권고한다. 이러한 기도는 이미 구약에서도 모든 물질적 제물을 대체한다. "손을 들어 올리는" 기도는 하느님께 "저녁 제물"처럼 여겨지기에, "분향처럼" 그분께 올라간다.[44]

뒤에서 논의할 눈을 들어 올리는 행위와 마찬가지로, 손을 펴 드는 자세도 피조물이 창조주와 맺는 친밀하고 인격적인 관계를 나타내는 표현이다. 기도하는 사람은 하느님이 계신 상징적 '장소'인 '하늘을 향해' 손을 들거나, 구원 역사를 통해 당신 백성 가운데서 체험되는 당신 현존의 장소인 성전을 향해 손을 들기 때문이다.[45] 그러나 그리스도인은 한 걸음 더 나아가 하늘을 향할 뿐 아니라, 우리가 앞에서 보았던 것처럼, '해가 뜨는 곳'을 향하기도 한다. 초기 교부들은 인간적 차원에서도 깊은 감동을 주는 이 자세의 상징적 의미를 아주 잘 알고 있었다. 예를 들어 알렉산드리아의 클레멘스는 3세기 초에 다음과 같이 썼다.

> 그래서 우리는 [기도 중에] 머리를 높이 들고, 하늘을 향해 손을 펼치며, 공동으로 마침 기도를 드리는 동안에는 발끝으로 서서 위의 영적 세계를 향하는 마음의 열망을 따르고자 추구한다. '열망으로 날개를 단'[46] 영혼을 높이 들어 올린 다음에 우리는 이와 동시에 우리

---

43 1티모 2,8.
44 시편 141,2.
45 시편 10,4 칠십인역.
46 참조: 시편 55,7.

가 드린 기도를 통해 지상에서 몸을 자유롭게 하고자 애쓴다. 그리고 육의 족쇄를 경멸함으로써 '성소'⁴⁷에 닿을 수 있도록 모든 노력을 기울인다.⁴⁸

다음 세대의 오리게네스도 같은 사상을 아주 비슷하게 표현한다. 우리는 결국 고대 그리스도교의 사도적 '전통'을 다루고 있는 것이다.

> 수많은 몸의 자세들 중에서 손을 펼쳐 들고 눈을 위로 드는 자세가 [다른] 모든 자세보다 선호되어야 한다는 것은 누구도 의심하지 않을 것이다. 이 자세로 기도하는 사람은 기도하는 동안 자기 영혼에 어울리는 특별한 상태의 像을 몸에도 전달하기 때문이다.⁴⁹

오늘날 우리는 "몸으로 기도해야 한다"는 말을 종종 들으며, 따라서 이에 상응하는 '기술'도 중요한 것으로 고려된다. 그러나 교부들이 의미했던 것은 아주 달랐다. 이를테면 몸은 영혼 옆에 단독적으로 서 있지 않다. 오히려 이 둘은 완벽한 일치를 구성한다. 한 사람 전체가 몸과 영혼으로 기도한다. 말하자면, 몸은 영혼에게 매개체로 기여하며, 영혼은 이를 통해 "영혼의 특별한 상태", 곧 비가시적인 하느님을 열망하는 영혼의 상태를 가시적으로 보여 준다. 그리고 앞으로 살펴보겠지만 이것은 대수롭지 않은 일이 아니다. 이러한 '체현'은, 내적 태도가 비본질적인 어떤 것으로 증발해 버리는 사태를 막아 주기 때문이다.

47　참조: 시편 134,2; 히브 9,24 이하.
48　알렉산드리아의 클레멘스 『양탄자』 7,40,1.
49　오리게네스 『기도론』 31,2.

손을 펼쳐 드는 행위는 너무도 분명하게 기도와 연관되어 있어서 초기 저작에서는 기도와 동의어로 쓰인 경우가 많았다. 그러나 이교적 환경에서 살았던 초기 교부들은 이 행위가 그리스도인들에게만 한정된 자세가 아니라는 것을 잘 인지하고 있었다. 유대인만이 아니라 이교인도 손을 들어 기도했고 생명 없는 우상에게만이 아니라 태양을 향해서도 그렇게 했다.

예를 들어 알렉산드리아의 클레멘스는 제우스의 아들이요 온화함과 경건함의 모범인 신화 속의 아이아코스가 자신의 "순수한 손"을 들어 마른 땅에 소나기를 내리게 한 것을 주저 없이 보고한다.[50] 교부들은, 모든 인간에게 공통적인 다른 종교적 관습과 마찬가지로, 손을 들어 기도하는 행위가 구약 백성의 특징적인 자세였다는 문제가 있을 때에도, 그리스도교적 의미를 강조하기 위하여 특별히 이 자세를 중요하게 여겼다.

> 거룩함의 계시자(Hierophant)[51] 모세는 십자가 위에서 당신 손을 펼치신 그리스도를 본받아 두 손으로 지팡이를 옆으로 들고 아말렉을 물리쳤습니다.[52] 그러므로 우리가 손을 펼쳐 기도하면 우리도 사탄을 물리칠 것입니다. 만일 거룩한 모세가 지팡이를 옆으로 잡지 않고 바로 앞에서 잡았다면, 아론과 후르가 오른쪽과 왼쪽에서 그의 손을

---

50 알렉산드리아의 클레멘스 『양탄자』 6,28,5 이하.
51 이 용어는, 의례 중에 성스러운 상징과 관습을 보여 주고 해석하는 책임을 맡은 이교 집단의 축성 사제(Weihepriester)에게 붙여진 이름이다.
52 참조: 탈출 17,9 이하.

받쳐 주어야 했을 만큼 그의 손이 무거워졌겠습니까?[53]

[그러므로] 대부분의 경우 십자가 형태로 [팔을 펼치고] 기도를 드리는 것이 유익합니다. 우리는 하느님께 축복을 받는 방식으로[54] 다른 사람들을 축복하기 때문입니다. 거룩한 모세도 천막을 성별하고 자기 형에게 거룩한 관을 씌워 주고 사제로 성별할 때 십자가 형태로 팔을 하늘로 펼쳐 백성을 축복했습니다.[55]

십자가 형태로 팔을 펼쳐 기도하는 자세의 의미는 오직 신약에 와서야 온전히 계시되었지만, 구약의 구원 역사 안에도 확고히 뿌리내렸으며, 더욱이 교부들은 창조 질서 자체에 이 자세가 신비적으로 예시되어 있다고 보았다.

사실 모든 천사들이 기도하고 온갖 피조물이 기도하며, 가축과 들짐승도 기도한다.[56] 그들도 무릎을 꿇으며, 외양간이나 은신처에서 나올 때에는 아무런 뜻도 없이 입을 놀리며 하늘을 쳐다보는 것이 아니라, 자기들만의 (의미 있는) 방식으로 숨을 쉰다. 새들은 둥지에서 나올 때 날개를 손 모양이 아닌 십자가 형태로 펴고 하늘을 향해 날아가며 기도하는 것처럼 소리를 낸다.[57]

---

53 안키라의 닐루스 『서간집』 1,86; 참조: 탈출 17,12.
54 참조: 루카 24,50.
55 안키라의 닐루스 『서간집』 1,87; 참조: 레위 9,22.23.
56 테르툴리아누스는 아마도 시편 148편을 염두에 두었을 것이다.
57 테르툴리아누스 『기도론』 29.

이와 비슷하게, 알렉산드리아의 클레멘스는 가장 오래된 이교인 신전의 중심축 방향이, 이교인들 스스로는 인지하지 못했지만, 놀랍게도 하느님께서 뜻하신 '동쪽을 향해' 있으며, 이는 다가오실 '의로움의 태양'이신 그리스도께서 떠올라 사람들이 향하는 방향이라고 해석한다.

이러한 '예시'와 '충만'에 대한 사고는 신약성서가 가르치듯이 매우 성서적이다. 성서 저자들은 '성서의 말씀이 이루어지도록' 그리스도께 이런저런 일이 일어났다고 반복해서 강조한다. 특히 바오로는 구약의 사건들과 인물들 속에서 오직 신약으로만 '실현'되는 '예형들'(τύποι)을 보았다.[58] 이러한 의미에서 교부들은, 팔을 십자가 모양으로 펼쳐 기도하고 몹시 힘든 이 자세로 아말렉을 물리친 모세가, 십자가 위에서 영적 아말렉족인 악령을 정복한 그리스도를 예시한다고 보았다.

악령도 이 자세의 의미를 아주 잘 이해한다. 그래서 악령은, 에바그리우스가 '어느 거룩한 사람'에 대해 보고하는 것처럼, 기도하는 사람이 팔을 내리도록 가능한 모든 힘을 사용한다. "그러나 그는 평소의 기도를 마칠 때까지 결코 자기 손을 내리지 않았다."[59] 기도하는 사람이 십자가에 못 박힌 자세로 탄원할 때 어떤 일이 벌어지는지 악령과 기도하는 사람 모두 잘 알고 있었기 때문이다.

> 압바 롯이 압바 요셉을 방문해서 말했다. "압바, 저는 할 수 있는 한 소시간경을 바치고, 조금 단식하고 기도하고 묵상하며 평화로이 생

---

58 참조: 1코린 10,6.11.
59 에바그리우스『기도론』106; 참조: 같은 책 109.

활합니다. 또 제가 할 수 있는 한 제 생각들을 정화합니다. 그 외에 제가 무엇을 할 수 있겠습니까?" 그러자 원로가 서서 하늘을 향해 두 팔을 펼쳤다. 그의 손가락들은 열 개의 등불처럼 되었다. 그가 압바 롯에게 말했다. "형제도 원한다면 완전히 불처럼 되십시오."[60]

에바그리우스[61]와 요한 카시아누스[62]는 이러한 기도를 '작열하는 기도' 라고 부른다. 이 기도는 인간을 '천사'처럼 만들어 주는데,[63] 천사는 주로 '불'[64]로 이루어져 있기 때문이다. 그리고 이 기도는 천사처럼 인간도 '하느님 앞에'[65] 있을 수 있도록 모든 세속적인 것에서 인간을 자유롭게 한다.

압바 티토에스[66]는 서서 기도할 때 팔을 재빠르게 내리지 않으면 탈혼 상태에 빠졌다고 한다. 그래서 형제들과 함께 기도할 때에는 탈혼 상태에 빠지지 않도록 서둘러서 손을 내렸다고 한다.[67]

60 『사막 교부들의 금언』 파네피시스의 요셉 7; 참조: 같은 교부 6.
61 에바그리우스『기도론』111.
62 요한 카시아누스『담화집』9,15.
63 에바그리우스『기도론』113.
64 참조: 시편 104,4.
65 참조: 루카 1,19.
66 시소에스의 또 다른 이름이다.
67 『사막 교부들의 금언』 티토에스 1.

3. 하늘에 좌정하신 분이시여 당신께 저의 눈을 듭니다[68]

몇몇 본문이 분명히 보여 주듯이 손을 펼쳐 드는 자세에는 하늘로 '눈을 드는' 행위도 동반된다. 이 자세의 의미는 성서가 사용하는 언어를 살펴보면 명확히 드러난다. 물질적 '하늘'은, 실제로 "하늘 높이"[69] 좌정하신 하느님의 신성한 '장소'에 대한 상징일 뿐이다. 이 자세는 하느님을 지향한다. 아무리 하찮은 명령일지라도 자기 주인의 명을 성실하게 받들기 위해서 "종들의 눈이 제 상전의 손을 향하고 몸종의 눈이 제 여주인의 손을 향하듯",[70] 기도하는 사람의 영적 눈은, 그리고 영적 눈의 표상인 육체의 눈도, "언제나 주님을 향해"[71] 있다.

그러므로 하늘을 향해 눈을 들고 시선을 주님께 두는 것은 현존하시는 분으로 알려진 주님과 기도하는 사람의 친밀함의 표현이자 그리스도께서 우리를 위해 이루신 아버지를 향한 확신의 표지이다.[72] 따라서 이 자세는 관상가가 기도 중에 주님께 "자신의 시선을 완전히 영적으로 고정하는"[73] 자발적인 집중의 표지이다. 그래서 그리스도께서도 인간으로서 열심히 기도하셨으며, 아버지께 청하실 때에는 온전한 자유를 의식하면서[74] '하늘을 우러러보시고' 모든 그리스도인을 위해 기도의

---

68 시편 123,1.
69 시편 57,6.12 외 여러 곳.
70 시편 123,2.
71 시편 25,15.
72 에페 3,11-13.
73 에바그리우스 『잠언 발췌 주해』 7,19.20: P. Géhin, Evagre le Pontique. Scholies aux Proverbes, (SC 340) 95; 참조: 같은 책 Nr. 310.
74 요한 4,34; 5,30; 6,38.

모범을 보여 주셨다고 여러 곳에 기록되어 있다. 예를 들어, 귀먹은 반벙어리를 고쳐 주셨을 때,[75] 오천 명을 먹이신 기적을 베푸셨을 때,[76] 라자로를 살리셨을 때,[77] "영광스럽게 하소서"라고 아버지께 요청하시며 고별 기도를 시작할 때[78] 그분은 "하늘을 우러러보셨다".

주님께서 눈을 들어 하늘을 우러러보시는 자세에는 마음을 흔드는 엄숙함이 있다. 결국 이 자세는 아들과 하늘 아버지 사이에 존재하는 지극히 독특한 관계를 표현한다. 그리스도인은 오직 '그리스도 안에서만' 감히 그분처럼 하늘을 우러러볼 수 있으며, 그리스도 안에서만 감히 "아빠, 아버지!"라고 말할 수 있다. 자기 죄를 아주 잘 알았던 세리는 "멀찍이 서서 감히 하늘로 눈을 들 생각도 못 하고"[79] 모든 악한 생각들의 출처인 '마음'[80]이 자리한 가슴을 친다.

성서 시대 사람들의 다른 자세들과 마찬가지로 하늘을 향해 눈을 드는 행위도 성서 시대부터 중단되지 않고 그리스도인 기도의 영속적인 구성 요소로 초기 교회 전통에 편입되었다. 교부들이 성서를 읽는 방식이 우리와는 아주 달랐으니 그렇지 않을 수가 없었다.

---

[75] 마르 7,34.
[76] 마태 14,19 병행 구절.
[77] 요한 11,4 이하.
[78] 요한 17,1.
[79] 루카 18,13.
[80] 마태 15,19.

다윗은 "하늘에 좌정하신 분이시여 당신께 저의 눈을 듭니다",[81] "주님, 당신께 제 영혼을 들어 올립니다"[82]라고 기도한다. 왜냐하면 영의 '눈'을 '들어 올릴 때' 세상적인 것과 접촉을 멀리하고, 세속적인 생각이 스며드는 것에서 거리를 두며, 심지어 피조 세계 너머 높은 곳을 직접 향하고, 오직 하느님을 관상하려고 노력하고, [기도를] 들으시는 그분과 대화하는 데 가치 있고 적합한 것만 수행하게 되기 때문이다. 눈을 들고 영혼을 들어 올리는 일이, "너울을 벗은 얼굴로 거울을 보듯 주님의 영광을 바라보는 가운데 그분과 같은 모상으로 모습이 바뀌고, 영이신 주님으로 말미암아 영광에서 영광으로 모습이 바뀔"[83] 이들 [영혼]에게 어떻게 엄청난 유익을 가져다주지 않을 수 있겠는가? 그들은 어떤 신성한 영적 발산에 참여하는데, "주님, 당신 얼굴의 빛이 저희 위에 징표를 새겨 놓았습니다"[84]라는 구절이 이를 분명히 보여 준다.[85]

이러한 말의 밑바탕에 있는 사상은 이제 우리에게 친숙할 것이다. 외적 자세는 결국 유일한 관심사인 내적 태도의 반영일 뿐이다. 눈을 들어 하느님이 계신 상징적 '장소'인 하늘을 우러러보는 것은 몸을 어떤 "상"像[86]으로 만드는데 이때 몸은 "위의 영적 세계를 향하는 마음의 열

---

81 시편 123,1.
82 시편 25,1.
83 2코린 3,18.
84 시편 4,7 칠십인역.
85 오리게네스 『기도론』 9,2.
86 같은 책 31,2.

망"⁸⁷을 표현한다. 이는 사도의 권고에도 맞는 것이다.

> 그러므로 여러분이 그리스도와 함께 일으켜졌다면 위에 있는 것들을 찾으시오. 거기에는 그리스도께서 하느님의 오른편에 앉아 계십니다. 위에 있는 것들을 생각하고 땅에 있는 것들은 생각하지 마시오. 사실 여러분은 [세상에 대하여] 죽었고 여러분의 생명은 그리스도와 더불어 하느님 안에 숨겨져 있습니다.⁸⁸

그러므로 시선을 "위에 있는 것들"에 두는 자세는 기도하기 위해 동쪽을 향하는 행위와 같은 의미를 지닌다. 곧, 주님을 향하는 것이다! 창조된 인격적 존재인 영혼은 하느님의 위격 안에서 참된 대화 상대를 갖기 때문에 기도 중에 주님을 향하며, 이와 마찬가지로 기도하는 사람도 영혼의 '거울'인 육체의 얼굴을 주님께 향하는 것이다.

> 우리가 어디에 있든, 심지어 길을 따라 걸을 때에도, 우리는 진심으로 하느님께 기도해야 합니다. 십자가 형태로 팔을 펼쳐서 복음서에 기록된 기도⁸⁹를 낭송하고, "하늘에 좌정하신 분이시여 당신께 저의 눈을 듭니다. 보소서, 종들의 눈이 제 상전의 손을 향하듯"⁹⁰이라고 쓰여 있는 것처럼, 주님께 향한 우리 마음의 눈과 육체의 눈을 그대로 유지하면서 기도에 전념합시다.⁹¹

---

87 알렉산드리아의 클레멘스 『양탄자』 7,40,1.
88 콜로 3,1-3.
89 예를 들면, 주님의 기도.
90 시편 123,1-2.
91 호르시에시 「규정」 83쪽.

만일 수도승이 "기도 모임이든 … 집에서든 모든 곳에서, 들판에서든, 공동체에서든"[92] 어디에서도 기도해야 한다면, 눈에 띄게 십자가 형태로 팔을 펼쳐 서 있는 자세나 이와 비슷한 다른 자세들은 '방'에서 드리는 은밀한 기도를 위해 유보되어야 한다.

아직 참된 마음의 기도에 이르지 못한 사람들에게는 육체적 기도의 고통이 도움 된다. 내가 의미하는 것은 팔을 펼치는 자세, 가슴을 치는 행위, 순결하게 하늘을 우러러보기, 한숨을 크게 쉬기, 끊임없는 무릎 꿇기 등으로, 우리가 다른 사람들과 같이 있을 때에는 자주 수행할 수 없는 기도이다.[93]

이러한 자세들은 다른 사람들의 호기심을 쉽게 불러일으키고, 때로는 그들의 경탄을 자아내서 헛된 영광의 원인이 될 수 있기 때문에, 사람들이 있는 곳에서 행하기는 적합하지 않다. 다만 '순결하게 하늘을 우러러보기'만은 예외일 수 있다. 이 자세는 손을 위로 펼쳐 들고 서 있는 자세를 대체할 뿐 아니라, 그 자체로 거의 이목을 끌지 않아서 이에 대한 지식이 없는 사람은 그 의미를 거의 이해할 수 없고, 따라서 우리의 '영적 활동'은 숨겨진 채로 있다.

압바 야코부스가 말했다. "언젠가 네자레 출신 압바 이시도루스를 방문하기 위해 발레오스로 갔는데, 압바는 집에 앉아서 글을 쓰고 있었어요. 나는 한동안 함께 지내면서 압바가 입술을 움직이지도 않

---

92 같은 곳.
93 요한 클리마쿠스 『천국의 사다리』 15,76. 우리말 역본은 15,109(223쪽 참조).

고 자주 눈을 들어 하늘을 우러러보는 것을 관찰했습니다. 압바의 목소리를 들을 수는 없었어요. 그래서 압바에게 물었습니다. '압바, 무엇을 하고 계십니까?' 압바가 대답했어요. '내가 무엇을 하고 있는지 모르겠소?' 나는 '전혀 모르겠습니다'라고 대답했습니다. 그러자 압바가 말했어요. '야코부스 형제, 만일 형제가 그것을 모른다면 형제는 하루 동안 수도승으로 살지 않은 것이오! 보시오, 나는 이렇게 말하고 있습니다. 예수님, 저에게 자비를 베푸소서! 예수님, 저를 도우소서! 저의 주님 저는 당신을 찬미합니다!'"[94]

그러나 모든 인간의 삶에는 하느님께 눈을 드는 것이 얼마나 큰 특권인지 갑자기 고통스럽게 깨닫는 순간이 있다. "수치가 얼굴을 뒤덮고"[95] 하느님을 거스르는 죄 때문에 그분 앞에서 평소의 확신을 잃어버리는 순간이다. 그러면 이후에도 하느님 앞에 서서 그분께 손을 펼치고 싶은 마음이 들지 않는다. 오히려 눈을 내리깔고 서서 세리와 더불어 이렇게 말한다. "하느님, 죄인인 저에게 자비를 베푸소서."

이 경우에 눈을 들어 시선을 위에 두는 행위는 하느님과 친밀하다는 것을 나타내는 표지가 아니라 오만하고 무모한 표현이다. 이러한 의미에서 시편 저자는 이미 "거만한 눈"[96]을 가진 자에 대해 말하며, "주님, 제 마음은 오만하지 않고 제 눈은 높지 않습니다"[97]라고 주장한다. 교

---

94 Apophthegma Eth. Coll. 13,43; 참조: Lucien Regnault, *Les Sentences des Pères du désert*, nouveau recueil, (Solesmes), 298-299.
95 시편 69,8.
96 시편 101,5.
97 시편 131,1.

부들은 이 차이를 간과하지 않았다. 그래서 겸손은 기도에 대한 그들의 가르침에서 없어서는 안 될 부분이었다.

다른 한편, 지나치게 손을 높이 펼쳐 들지 않고 적절하고 예의 바르게 들며, 너무 자신 있게 위를 처다보지 않음으로써 겸손하고 겸허하게 기도할 때, 더욱 나은 방식으로 하느님께 청원을 드릴 수 있다. 기도를 드렸을 때 청원만 아니라 처신에서도 겸손과 복종을 보여 준 유명한 세리는 오만한 바리사이보다 더 의롭게 되어 떠나갔다. 어조도 차분해야 한다. 큰 목소리로 말한다고 응답을 잘 받는다면 대체 어떤 목소리가 필요하겠는가? 하느님은 목소리가 아니라 마음에 귀를 기울이시며, 우리 마음도 꿰뚫어 보시는 분이시다.[98]

이와 비슷하게 기도의 대가인 에바그리우스도 "기도 중에 시선을 낮추고"[99] "양"보다는 "질"에 더 집중하며,[100] "바리사이처럼 기도하지 말고 세리처럼 기도하라"[101]고 권고한다.

그러나 모든 사정이 이렇다 하더라도 그리스도인은 그리스도 안에서 부여받은 "확신"($παρρησία$)[102]을 빼앗기지 말아야 한다. 이것이 바로 유혹자가 우리에게 거짓 겸손을 촉구할 때 염두에 두는 일이다.

---

98   테르툴리아누스 『기도론』 17.
99   에바그리우스 『기도론』 110.
100 같은 책 151.
101 같은 책 102.
102 에페 3,12.

하느님을 모독하도록 우리의 정신을 몰아가고, 내가 글로 기록하고자 감히 시도조차 하지 않았던 금지된 공상을 하도록 유도하는 악령이 우리를 방해하거나 우리의 간절함을 파괴하도록 해서는 안 된다. 주님은 "마음을 아시는 분"[103]이시며, 우리가 세상에 있던 동안에도 그러한 광기에 빠져 본 적이 없다는 것을 아시기 때문이다. 이 악령의 목표는 우리가 하느님을 모독하거나 금지된 공상을 함으로써 주님 앞에 서 있지 못하게 하고 그분께 감히 손을 펼치지 못하게 해서 기도에서 멀어지도록 하는 것이다.[104]

비슷한 경우와 마찬가지로 이 경우에도 "그들에게 복종해서는 안 되며 오히려 [악령들이 우리에게 제안하는 것과] 반대로 행해야 한다".[105]

4. 그는 무릎을 꿇고 기도드렸다[106]

서 있는 자세가 성서에 나오는 기도하는 사람들의 기본적인 자세라고 해도 결코 유일한 자세는 아니다. 하느님 앞에서 기도를 드릴 때 적절한 자세가 오직 '무릎 꿇기' 밖에 없는 순간이 있다. 예를 들어, 성서의 인간은 하느님께 무언가를 특별히 간청할 때 무릎을 꿇는다.[107] 베드로

---

103 사도 1,24.
104 에바그리우스 『프락티코스』 46.
105 같은 책 22.
106 사도 9,40.
107 1열왕 8,54.

는 죽은 타비타의 재생을 청할 때 무릎을 꿇고,[108] 바오로와 교회의 원로들은 밀레토스에서 극적인 작별을 할 때 무릎을 꿇으며,[109] 티로에서 형제들과 작별할 때에도 무릎을 꿇고 기도했다.[110] 이와 비슷하게, 에페소서 3장 14-21절에서 바오로는 교회를 위해 엄숙한 중재 기도를 드릴 때 무릎을 꿇는다.

병자나[111] 병자의 친족은[112] 무릎을 꿇고 예수께 치유를 청한다. 그러나 그리스도를 따르기를 원하는 부자도 그분 앞에 무릎을 꿇고 청한다.[113]

마지막으로, 겟세마니에서 그리스도께서는 하실 수만 있다면 고통의 잔을 거두어 달라고 아버지께 무릎을 꿇고 간구하셨다. 그러나 여기에서 정확히 어떤 자세를 의미하는지는 분명하지 않으며, 후대의 여러 본문에 나오는 구절도 마찬가지다. 루카에 따르면 그리스도께서는 "무릎을 꿇고"[114] 기도하시고, 마르코는 "땅에 엎드려"[115] 기도하셨다고 전하며, 마태오는 "땅에 얼굴을 대고"[116] 기도하셨다고 한다. 사실 두 무릎을 꿇는 자세는 종종 땅바닥에 완전히 부복하는 자세로 이끌기도 한다. 아주 특징적인 이 기도 자세에 대해서는 뒤에서 다룰 것이다.

108 사도 9,40.
109 사도 20,36.
110 사도 21,5.
111 마르 1,40.
112 마태 17,14.
113 마르 10,17.
114 루카 22,41.
115 마르 14,35.
116 마태 26,39.

서 있는 자세와 마찬가지로, 한 무릎이나 양 무릎을 꿇는 자세도 그것이 진심이든,[117] 아니면 로마 군인들이 그리스도를 조롱했을 때 했던 것처럼 가장한 것이든[118] 깊은 경외심을 표현한다. 무릎을 꿇는 행위는 이렇게 깊이 공경하는 분 앞에서 그분의 위엄을 인정하는 가시적 표지이다.

> 정녕 모두 나에게 무릎을 꿇고 입으로 맹세하며 말하리라. "주님께만 의로움과 권능이 있다."[119]

성서 시대 사람들에게 무릎 꿇고 기도를 드리는 것이 자연스러운 관습이었듯이, 그들의 모범을 여전히 자명한 규범으로 여겼던 교부들에게도 이 관습은 마땅한 것이었다.

> 이렇게 말한다고 해서 [곧, 서 있는 동안에 기도해야 한다고 해서] 우리가 신실하고 아름다운 무릎 꿇기 [관습을] 버릴 뜻은 전혀 없다. 예언자 다니엘도 무릎을 꿇고 제3시, 제6시, 제9시에 하느님께 기도했기 때문이다.[120]

기도 중에 서는 행위는 창조주 앞에서 피조물에게 어울리는 경외심과 주의 집중을 표현하기 때문에, 이 자세에 품위가 없는 것은 아니다. 그

---

117 참조: 로마 14,11; 필리 2,10.
118 마태 27,29; 마르 15,19.
119 이사 45,23 이하.
120 안키라의 닐루스 『서간집』 1,87; 참조: 다니 6,11.

러나 앞서 언급했듯이, 인간에게는 이러한 품위를 상실하는 순간이 있으며, 그럴 때에 하느님 앞에 서거나 눈을 드는 행위는 경외심보다는 오히려 오만함을 나타낼 것이다. 그래서 인간은 자기 죄를 용서받기 위해 간구할 때 하느님 앞에서 자연스럽게 무릎을 꿇는 것이다.

더욱이 우리가 알아야 하는 것은, 누군가 하느님 앞에서 자기 죄에 대해 스스로 책망하고 치유와 용서를 빌고자 할 때에는 무릎을 꿇는 일이 필요하다는 것이다. 무릎을 꿇는 행위는 자신을 낮추고 복종하는 사람의 특징이기 때문이다. 그래서 바오로는 "이 때문에 나는 하늘과 땅 위의 모든 족속에게 이름을 지어 주시는 아버지께 무릎을 꿇습니다"[121]라고 말하는 것이다.

그러나 영적 무릎 꿇기라고 불리는 이유는 존재하는 모든 것이 하느님 앞에서 '예수의 이름'으로 자신을 겸허하게 하고 낮추기 때문이다. "예수의 이름 앞에 천상 지상 지하의 모든 것이 무릎을 꿇는다"[122]라는 사도의 말씀은 이를 가리키는 것처럼 보인다. … 그러나 "모두 나에게 무릎을 꿇는다"[123]라는 예언자의 말씀도 같은 뜻을 의미한다.[124]

따라서 무릎을 꿇는 행위는 서 있는 자세와 마찬가지로 "기도하는 동

---

121 에페 3,14.
122 필리 2,10.
123 이사 45,23; 로마 14,11.
124 오리게네스 『기도론』 31,3.

안 자기 영혼에 어울리는 특별한 상태의 상像"[125]을 몸으로 표현하는 것이며, 요셉 부스나야가 말했듯이 '영의 겸허와 겸손'을 나타낸다.

무릎을 꿇는 행위는, 반드시 항상 그런 것은 아니지만, 주로 겸손을 나타내는 자세이다. 따라서 참회의 자세이기도 하며, 특정한 시간을 위한 자세라는 것도 이해할 수 있는 일이다. 시간 역시 그리스도 안에서 구원 역사의 실현을 통해 새로운 차원을 얻으며, 이 실현을 지향하는 상징적 특성을 획득하기 때문이다. 아마도 그리스도와 맺는 이러한 관계만이 일반적인 인간의 자세를 특별히 그리스도교적인 자세로 만들 것이다.

질문: 무릎을 꿇고 기도하는 것이 서서 기도하는 것보다 기도하는 사람을 하느님께 더 가까이 다가서게 하고 하느님의 자비를 더 풍성하게 이끌어 낸다면, 기도하는 사람들이 주님의 날과 부활절에서 오순절까지 왜 무릎을 꿇지 않는 것인가? 그리고 교회의 이 관습은 어디에서 유래하는가?

대답: 이는 항상 두 가지 사실을 기억해야 하기 때문인데, 우리가 죄에 추락했다는 사실, 그리고 우리를 추락에서 일으킨 것은 그리스도의 은총이라는 사실이다. 그러므로 [주중에] 6일 동안 무릎을 꿇는 것은 우리가 죄에 추락했다는 것을 상징한다. 그러나 주님의 날에 우리가 무릎을 꿇지 않는 것은 부활을 상징하는 것으로, 우리는 이를 통해 그리스도의 은총으로 죄와 그분이 끝장낸 죽음에서 해방되

---

[125] 같은 책 31,2.

었다.

이 관습은 리옹의 순교자요 주교인 복된 이레네우스가 『파스카에 대하여』[126]에서 말하듯이 사도 시대에 기원을 둔다. 이레네우스는 여기에서 주님의 날에 무릎을 꿇지 않는 것과 마찬가지로, 오순절 기간은 주님의 날과 동일하기 때문에 무릎을 꿇지 않는다고 언급한다.[127]

주일과 전체 부활 시기 및 오순절까지 무릎을 꿇지 않는 관습은 사도들 '본디의, 글로 쓰이지 않은 전통' 중 하나이며, 이전에는 동방과 서방에서 공통적으로 지켰으나 오늘날에는 동방에서만 지킨다.

전통에 따르면, 주님께서 부활하신 날에 우리는 단지 무릎을 꿇는 이 관습만 삼가는 것이 아니라 두려움과 관련된 상징들이나 두려움에 기인한 직무도 삼가야 한다. … 이와 마찬가지로 우리는 오순절 기간에도 동일한 환희의 의례를 거행하며 특별하게 보낸다. 그러나 적어도 하루를 시작하는 첫 기도 중에 매일 하느님 앞에 엎드려 기도하는 것을 누가 주저하겠는가? 더욱이 금식일과 단식일[128]에는 무릎 꿇기와 다른 비천한 자세를 취하지 않고 기도를 드려서는 안 된다. 우리는 단지 기도를 드리는 것만이 아니라, 우리 주님이신 하느님께 용서를 청하고 하느님께서 만족하시도록 보속하는 것이기도

---

126 소실되었다. 에우세비우스의 『교회사』 6,13,9에 따르면, 알렉산드리아의 클레멘스는 (역시 소실된) 그의 작품 『파스카에 대하여』를 저술하면서 똑같은 주제를 다룬 이레네우스의 저서에서 일부를 끌어왔을 것이다.
127 위-유스티누스 『정통 신앙인에게 제기한 질문과 답변』 질문 115.
128 수요일과 금요일을 뜻한다.

하기 때문이다.[129]

특정한 시기에 무릎 꿇기를 금지하는 이유는 교부들마다 다소 다를 수 있지만 기본 사상은 항상 동일하다. 몸과 영혼의 일치, 곧 몸의 자세가 특정한 시간에 요구되는 내적 태도와 일치해야 한다는 것이다.

주님의 날에 우리는 서서 기도하며 [이를 통해서] 다가올 시대의 확실함을 표현합니다. 그러나 다른 날에는 무릎을 꿇음으로써 죄로 말미암은 인류의 추락을 나타냅니다. 우리가 무릎을 꿇은 후 일어설 때 사실 우리는 그리스도를 통해 우리에게 부여되었고 주님의 날에 기념하는 부활을 분명히 하는 것입니다.[130]

무릎 꿇기는, 오늘날 서구에서 우리가 알고 있듯이, 본질적으로 정적인 자세이다. 최근까지도 신앙인들은 개인 기도나 공동 예배 중에, 심지어는 거룩한 미사를 지내는 중에도 무릎을 꿇고 움직이지 않은 채 제법 긴 시간을 보내곤 했다. 물론 동방 교회의 그리스도인들도 때로 무릎을 꿇고 기도하지만, 특히 참회할 때에는 연이어서 여러 차례 반복적으로 양쪽 무릎을 꿇는 자세를 종종 취하며, 이 경우에는 대부분 앞서 언급했던 화살기도와 같은 짧은 청원이 동반된다. 따라서 이 자세는 역동적인 자세이다.

이러한 사정은 서구에서도 줄곧 중세까지 마찬가지였다. 그러나 고대

129   테르툴리아누스 『기도론』 23.
130   안키라의 닐루스 『서간집』 3,132.

의 여러 문헌은 무릎 꿇기가 엄밀한 의미에서 무릎을 꿇는다는 뜻인지, 아니면 뒤에서 논의할 부복(metanie)을 의미하는 것인지 항상 명확하게 밝히지는 않는다. 예컨대 가자의 은수자 요한의 편지에도 불확실성이 나타난다.

> 그러므로 만일 그대가 [악령의 생각과] 벌이는 이 [밤의] 전투에서 유혹을 받는다면, 일곱 번씩 일곱 번, 곧 마흔아홉 번 무릎을 꿇고 그때마다 이렇게 기도하시오. "주님, 제가 죄를 지었으니 당신의 거룩한 이름을 위해서 저를 용서하소서!" 그러나 그대가 아프거나, 무릎 꿇기가 허용되지 않는 주일이라면, 마흔아홉 번 무릎을 꿇는 대신에 이 기도를 일흔 번 드리시오.[131]

여기서 무릎 꿇기(γονυκλισία)는 아마도 부복을 의미할 것이다. 그러나 경건한 백작 부인 아다는 (1090년경) 매일 성모송을 예순 번 바치면서 스무 번은 바닥에 부복했고, 스무 번은 무릎을 꿇었으며, 또 스무 번은 서서 기도했다는 기록을 보면[132] 무릎 꿇기와 부복이 분명히 다른 자세라는 사실을 알 수 있다.

이제 여러 독자들이 자신에게 했음 직한 질문을 던져 보자. '그렇다면 당신은 서서 기도하는가, 아니면 무릎을 꿇고 기도하는가?' 정답은 '둘 중 하나'가 아니라 '두 자세 모두'이다. 다양한 기도 자세들은 서로 배

---

131 바르사누피우스와 요한 『서간집』 168.
132 참조: R. Scherschel, Der Rosenkranz – das Jesusgebet des Westens, Freiburg 1982, S. 57.

척하지 않는다. 그래서 우리는 시편을 서서 낭송한 후에 무릎을 꿇고, 그다음에 일어서서 기도를 드리곤 했다는 수도승 사제에 대한 글을 읽을 수 있는 것이다.[133]

요한 카시아누스가 전해 주듯이 스케티스 사막의 수도승들도 아주 비슷했다. 독서자가 시편을 읽은 뒤 공동체는 앉은 채로 따라 했고, 그다음에 기도하기 위해 일어섰다. 그리고 나서 무릎을 꿇고 짧은 시간 동안 예배를 드리기 위해 바닥에 부복했으며, 더 긴 시간 동안 다시 기도를 드리기 위해 일어섰다.[134]

서방에서 베네딕도도 자신의 『수도 규칙』에서 똑같은 '의례'를 전제하고 있다.[135] 이러한 의례의 영향은 오늘날 성금요일 전례에도 반영되어 있다. 성금요일 장엄 기도 중에 부제는 신자들에게 무릎을 꿇으십시오(Flectamus genua), 그리고 일어나십시오(levate) 하고 요청한다.

5. 거룩한 뜰에서 주님께 경배하여라[136]

기도 중에 하느님 앞에 서는 행위는 창조주의 현존 앞에서 피조물이 깊은 공경을 나타내는 표현이다. 성서의 인간도 예배를 드리며 부복

---

133 Regnault, *Série des anonymes* 1627A.
134 요한 카시아누스 『공주 수도승 규정집』 2,7,2.
135 성 베네딕도 『수도 규칙』 20; 50.
136 시편 28,2 칠십인역.

(προσκύνησις)하는 자세를 통해서 똑같은 내면의 태도를 표현했다. 우주의 주님이신 분의 위엄 앞에서는 "모든 임금들"[137]과 "천사들"[138]과 사실상 "온 세상"[139]을 포함한 모든 피조물이 엎드려야 한다.

예배를 드리기 위해 땅에 엎드리는[140] 행위는 원칙적으로 전능하신 하느님의 위격이나[141] 그분께서 거주하시는 장소인 성전[142]만을 위해 지향된 자세이며, 신심 깊은 사람은 성전의 "거룩한 뜰"[143]에 있는 "그분의 발판에 엎드려"[144] 예배를 드린다.

그러나 이러한 경배 자세는 하느님으로부터 특별한 영적 권위를 받은 사람들에게서도 볼 수 있다. 그래서 사람들이 그리스도의 신성한 신비를 깨닫거나,[145] 그분께 도움을 청하거나,[146] 도움을 받은 데 대해 감사를 드리고자 할 때에는[147] 그리스도 앞에서 "얼굴을 땅에 대고" 절한다. 뒷날 그리스도께서 주신 능력과 권위를 지니고 나타나 활동하는 사도들에게도 똑같은 일이 발생한다.[148]

137 시편 72,11.
138 시편 96,7 칠십인역.
139 시편 66,4.
140 창세 18,2 (하느님 앞의 아브라함).
141 신명 6,13; 마태 4,10.
142 시편 5,8 칠십인역.
143 시편 28,2; 95,9 칠십인역.
144 시편 99,5; 참조: 132,7.
145 마태 8,2; 9,18 등.
146 루카 5,12.
147 루카 17,16.
148 사도 10,25.

훗날 고대의 수도승 문헌에는 한 수도승이 다른 수도승 앞에 무릎을 꿇고 이른바 '부복한다'(eine Metanie machen)라는 이야기가 자주 나온다. 그러나 깊은 겸손을 보여 주는 이 자세에는 아주 특별한 의미가 담겨 있으니, 바로 용서를 구하는 탄원을 강조하고 있다는 것이다. 그래서 '부복'(Metanie/μετάνοια)이라는 용어는 한결같이 회한과 속죄와 회심의 맥락에서 사용된다. 유일한 참된 수도승이란 심지어 자신을 부당하게 대우한 사람 앞에서도 이렇게 스스로를 낮출 준비가 되어 있는 사람이다. 여기에서 우리는, 아담이 낙원에서 추락한 이후 하느님을 만났을 때 부복하지 않고 용서받을 수 없도록 아담을 부추겨 숨어 있게 한 자가 사탄이었다고 주장한 한 교부를 이해할 수 있다.[149]

부복(prostratio)은 하나의 기도 자세로서 성서 시대 이래 동방에서, 그리고 서방에서도 천년 넘게, 영성 생활의 필수 불가결한 부분이었다.

    한 형제가 원로에게 물었다. "자주 부복하는 게 좋습니까?" 원로가 대답했다. "눈의 아들 여호수아가 자기 얼굴을 땅에 대고 엎드려 있던 동안 하느님께서 그에게 나타나셨다는 것을 우리는 알고 있소."[150]

우리가 보듯이, 기도하는 사람은 바닥에 세로로 쭉 뻗고 부복한다. 그리스도께서 겟세마니에서 하셨던 것처럼,[151] "그는 얼굴을 땅에 대고

---

149   Regnault, *Série des anonymes* 1765.
150   『사막 교부들의 금언집』 Nau 301; 참조: 여호 7,6.10.
151   마태 26,39.

하느님께 기도한다."¹⁵² 이 자세는 "성 도미니코의 아홉 가지 기도 방식"에도 포함되어 있으며, 순명을 받아들이거나 용서를 청할 때 동료 형제 앞에서 자신을 낮추는 표현인 베니아venia의 형태로 도미니코회 수도자들 가운데 현대까지 보존되어 있다. 동방 교회에서는 이른 시기에 두 가지 다른 형태의 부복이 실행되었다.

> 부복의 순서는 이러하다. 무릎과 머리[곧, 이마]가 바닥에 닿을 때까지 십자가 앞에 엎드린다. 그러나 절을 할 때에는 몸과 무릎이 바닥에 닿지 않게 하면서 손과 머리만 바닥에 댄다.¹⁵³

이 두 자세는 비잔틴의 영향을 받은 동방에서 오늘날에도 무릎과 손과 이마를 바닥에 대는 '큰 부복'과, 라틴 수도승들의 깊이 절하는 자세에, 곧 오른손만 바닥에 대는 '작은 부복'에 반영되어 있다. 더욱이 오늘날 동방 그리스도교에서 공동 기도나 개인 기도를 드릴 때에는 언제나 다양한 '부복'이 동반된다. 성서 시대에도 부복은 여러 차례 반복하는 자세였다. 예를 들어 야곱은 형 에사우에게 은혜를 베풀기 위해 그에게 다가갈 때까지 일곱 번 땅에 엎드려 절하였다.¹⁵⁴

그렇다면 부복이 없는 기도는 어떨까? 요셉 부스나야에 따르면, 그러한 기도는 '습관적이고 차가우며 얕은' 기도가 될 것이다. 물론 앞에서

---

152 『사막 교부들의 금언』 요한 콜로부스 40.
153 Jean-Baptiste Chabot (ed.), "Vie du moine Rabban Youssef Bousnaya", *Revue de l'Orient Chrétien 2*, p.397. (1897).
154 창세 33,3.

무릇 꿇기에 대해 말한 내용은 부복에도 적용된다. 큰 부복은 참회하는 자세이기 때문에 주님의 날과 오순절 기간 동안에는 금지된다.

아담이 추락한 이후에 하느님 앞에서 참으로 겸손하게 부복했더라면 아담은 용서받았을 것이다. 그렇다면 이 자세는 악의 공격에 대항하는 강력한 무기라는 것을 이해할 수 있다. 그래서 한 원로는 극심한 유혹에 빠진 형제에게 이렇게 권고한다.

> 일어서서 기도드리고 엎드려 절하며 "하느님의 아드님이시여, 저를 불쌍히 여기소서!"라고 말하시오.[155]

그러나 교부들은 고대부터 개인 기도를 할 때만이 아니라 공동 예배에서도 일정한 횟수로 부복하며 기도드렸다.

> [이집트 사막 사부들은] 위에서 언급한 기도를 다음과 같이 시작하고 끝낸다. 이 지역에서 우리들 중 몇몇이 시편이 실제로 끝나기도 전에 가능한 한 빨리 기도를 끝내려고 재빠르게 부복하는 것과 달리, 그들은 한 시편을 끝내자마자 서둘러 무릎을 꿇지 않는다. 우리는 예부터 교부들이 정한 [열두 시편] 분량을 초과해서 기도하길 원하므로, 드려야 할 시편 기도가 얼마나 남았는지 헤아리면서, 그리고 기도의 유익함과 이로움보다는 피곤한 몸의 원기를 회복하는 데 더 관심을 두면서 끝을 향해 서두르기도 한다.[156]

---

155 『사막 교부들의 금언집』 *Nau* 184.
156 요한 카시아누스 『공주 수도승 규정집』 2,7,1.

요한 카시아누스가 여기에서 서방의 독자들을 위해 설명하는 부복 기도 자세는 수 세기 동안 동방 못지않게 서방에서도 친숙했다. 성 베네딕도의 『수도 규칙』[157]은 앞선 『스승의 규칙서』[158]와 마찬가지로 부복 기도 자세를 전제하고 있다.

수도승들만이 아니라 그리스도 신앙인들도 개인 기도를 드리는 중에 부복했다. 앞서 보았듯이, 11세기 경건한 백작 부인 아다는 매일 스무 차례 부복했고, 거룩한 은수자 아이베르트(†1140)는 쉰 번 바닥에 부복했다.[159] 사막의 한 젊은 수도승은 "관습에 따라" 무려 백 번씩 부복했다.[160]

여기에서 우리는 다시 적절한 횟수의 문제로 돌아가는데, 이는 자주 반복되는 모든 자세에서 발생한다. 우리는 '기도'를 몇 차례 암송해야 하고, 무릎은 몇 번을 꿇어야 하며, 몇 번 부복해야 하는가?

주간 5일 동안 낮과 밤에 무릎을 꿇어야[161] 하는 횟수와 관련해서 거룩한 교부들이 300회로 정했다는 것을 우리는 알고 있다. 토요일과 주일만 아니라, 어떤 신비적인 이유나 알려지지 않은 이유로 전통에 따라 결정된 몇몇 다른 날과 주간에도 우리는 이러한 무릎 꿇기를 삼가라는 명령을 받았다. 각자 자신의 능력이나 자유로운 결정에

---

157 성 베네딕도 『수도 규칙』 20,4-5.
158 『스승의 규칙서』 48,10-11.
159 R. Scherschel, *Der Rosenkranz*, S. 57-58.
160 Regnault, *Série des anonymes* 1741.
161 여기서 의미하는 것은 부복(Metanie)이다.

따라 이 횟수를 초과하는 사람들이 있고 다 채우지 못하는 사람들도 있다. 그러므로 그대도 그대가 할 수 있는 것을 하라. 그러나 하느님과 관련된 모든 일에서 언제나 자기 자신에게 폭력을 행사하는 사람은 복되다. "하늘 나라는 폭행을 당하고 있으며, 폭력을 쓰는 자들이 하늘 나라를 빼앗으려고" 하기 때문이다.[162]

칼리스토스와 이그나티오스는 철저한 은수 생활을 하며 온전히 기도에만 전념하는 수도승 정관가靜觀家(Hesychast)들을 위해 이 글을 썼다. 오늘날에도 동방의 수도승들과 그리스도 신앙인들은 매일 몇 차례 부복해야 하는지를 결정하는 자신들만의 '규칙'을 가지고 있다. 각자는 자신의 나이와 건강 상태, 무엇보다도 영적 성숙도를 가늠할 수 있는 영적 아버지와 적절한 횟수를 결정해야 한다. 영성 생활에서 어떤 '규칙'은 결코 융통성 없이 굳어진 법이나 변경할 수 없는 의무가 아니다. 하느님의 영광과 영혼의 치유를 위해 인간이 자발적으로 시작한 일을 안내해 주는 지침이다.

한때 그리스도교계 전체의 공동 자산이었던 이 실천은 오늘날 서방에서 거의 완전히 사라졌다. 성 베네딕도의 『수도 규칙』에는 기도 중에 부복하는 규정이 있지만, 베네딕도회 대다수 수도승들은 아마도 서원식 때 했던 부복 체험 외에는 이 실천과 거의 친숙하지 않을 것이다. 평신도들은 아마도 성 금요일 전례에서 십자가 경배 예식을 통해 단지 하나의 의례로 이를 체험했을 수 있다. 수도승과 평신도 모두 영성 생

---

162 Kallistos und Ignatios Xanthopouloi, *Genaue Methode und Regel*, Kapitel 39. 참조: PHILOKALIE Bd. V, S. 69. 인용문은 마태 11,12.

활의 강력한 무기를 빼앗겨 온 것이다.

7세기 시리아의 신비가 니네베의 이사악은 부복 자세에 깃든 힘을 우리에게 가르쳐 준다. 이는 완전한 내적 어둠에 빠져 심신이 쇠약해진 시기와 관련이 있다. 현대인에게도 무척 친숙한 이 어둠의 시기에는 가장 작은 기도조차 드릴 수 없다. 이사악은 이러한 때에, 비록 아무 느낌이 없고 내면도 완전히 차가워진 것 같더라도, 반복적인 부복 속으로 피신해야 한다고 권고한다. 이러한 깊은 순종의 자세보다 사탄을 두렵게 하는 것은 없기에, 한때 아담이 낙원에서 추락한 후 하느님께 엎드려 예배하는 것을 사탄이 막았던 것처럼, 사탄은 우리가 부복하는 것을 막기 위해서 자신의 모든 책략을 구사할 것이다.[163]

악령들이 우리의 행동과 말을 무척 주의 깊게 지켜본다는 근본적 관념을 우리는 앞에서 이미 접했다. 정신이 산만해져서 우리가 암송하는 시편 말씀의 의미를 전혀 의식하지 않을 때조차 악령은 그 말씀을 듣고 전율한다고 한 교부는 말한다.[164] 에바그리우스는 한 구절에서 왜 그러한 것인지를 설명한다.

"그들이 제 발자국을 살핍니다":
[이 말씀은 악령들이] 우리가 하는 행동을 지켜봄으로써 배운다는 것[을 뜻한다]. 악령들은 결코 '마음을 아는 이들'이 아니기 때문이

---

163 니네베의 이사악 『수덕 생활』 c.49, 228쪽 이하.
164 바르사누피우스와 요한 『서간집』 711.

다.[165] 오직 '모든 사람의 마음을 빚으신 분'만이 [그들의 마음도] 알 수 있다. 그러므로 하느님 홀로 "모든 사람의 마음을 아시는 분"[166]이라고 불리는 것이 적절하다.[167]

악령은 존재하며 우리 인격의 중심인 '마음'에 단지 간접적으로만 접근할 수 있는 '낯선 자'로 남는다. 그는 예리한 관찰 경험을 통해서, 사실상 모든 '악한 생각'의 출처인 '마음'이,[168] 우리가 종종 완전히 알아차리지 못하는 '몸의 언어'를 매개로, 스스로를 배신한다는 것을 알고 있다. 에바그리우스는 제법 현대적 방식으로 진술한다. 그는 악령들이 우리의 자세와 표현과 어조에서, 요컨대 우리가 하는 모든 외적 행동에서 우리의 마음 상태를 추론하며 이에 따라서 자기들의 전술을 적용한다고 묘사한다.[169]

우리는 기도 중에 이러한 몸과 영혼의 일치를 이용하고 거기에서 유익함도 얻어야 한다. 우리는 우리 주변을 배회하는 악령을 고려해서만이 아니라, 무엇보다도 불완전하고 신앙 없는 우리 마음의 저항을 직면하기 위해서 이 일을 해야 한다. 반복적인 부복 자세는 마치 눈물처럼, 단지 몸으로만 수행할 때조차 우리 내부의 모든 영적 생명을 죽이는 듯 보이는 내면의 '황폐함'과 '무감각'을 깨부수는 효과를 낸다.

---

165 에바그리우스 『시편 발췌 주해』 55,7,4.
166 사도 1,24.
167 에바그리우스 『시편 발췌 주해』 32,15,10.
168 마태 15,19.
169 에바그리우스 『편지 62통』 16; 『잠언 발췌 주해』 6,13.

내적 공허함이라는 치명적 마비 상태에서 벗어나길 원하는 사람은 누구든 반복적인 부복 속으로 피신해야 한다. 여기에서 육체와 영혼의 관계는 신비로운 방식으로 갑자기 전복된다. 외적 자세를 통해 내적 상태를 표현하는 육체는 영혼의 상像이다(오리게네스). 그러나 이제는 육체가 주저하는 영혼을 끌고 가며, 내적 어둠이라는 견디기 힘든 압박으로부터 영혼을 자유롭게 한다. "들을 귀가 있는 사람은 들으시오."

6. 날마다 제 십자가를 지고 나를 따라야 합니다[170]

고대 이래 그리스도인들의 가장 특징적인 자세 중 하나는, 기도 시간에만 제한되어 있지 않은, 성호 긋기다. 더 정확히 표현하자면 [십자가 표지로] 스스로 '인장'을 찍거나 '신호'하는 십자성호十字聖號다. 역사가들이 이 자세의 기원을 어떻게 평하든, 교부들에게 성호 긋기는 '본디의, 글로 쓰이지 않은 전통'[171] 중 하나이다. 비록 말씀의 첫 증인들이 의도적으로 글로 기록하지는 않았지만, 성호 긋기는 사도들과 초기 교회까지 거슬러 올라간다.[172] 테르툴리아누스는 211년 교회의 이 고대 전통을 언급한다.

> 내딛는 모든 발걸음마다, 들고 날 때, 옷을 입고 신발을 신을 때, 씻을 때, 먹을 때, 등불을 켤 때, 잠자리에 들 때, 앉을 때, 우리가 어떤 활동

---

170 루카 9,23.
171 참조: 에바그리우스 『악한 생각』 33,28.
172 대 바실리우스 『성령론』 27,66.

을 하든지 우리는 작은 [십자가] 표지를 이마에 새긴다.[173]

오리게네스는 그리스어를 말하는 동방 지역에서 "모든 신앙인은 어떤 활동을 하기에 앞서, 특히 기도하기 전이나 [성서를] 거룩하게 읽기 전에" 이마에 십자가를 표시한다고 증언한다. 그들이 이렇게 했던 이유는, 한때 천사가 신실한 자들의 구원을 위해 그들의 이마에 해 놓은 표[174]를 문자 타우(T)에서 보았기 때문인데, 이 문자는 고대 히브리어에서는 십자가(+) 모양으로, 그리스어로는 T로 쓰였다. 천사가 신실한 사람들의 이마에 해 놓은 표는 "그리스도인들이 이마에 하는 관례적인 [십자가] 표시에 대한 예언"이다.[175]

우리는 아마도 묵시록의 환시가가 "하느님 종들의 이마에 인장을"[176] 찍는 것에 대해 말할 때 의미했던 것을 이러한 견지에서 이해할 수 있을 것이다. 사실 그리스도께서 당신을 따르기를 원하는 사람에게 "누가 내 뒤를 따라오려면 자기 자신을 버리고 날마다 제 십자가를 지고 나를 따라야 합니다"[177]라고 하신 말씀도 본디는 신앙인을 구분 짓는 저 독특한 '표시'를 의미했을 것이다.

예루살렘의 키릴루스(†387)는 그의 『교리교육』에서 십자가 표시의 공적 특징을 의도적으로 강조하는데, 그리스도인은 이 표시를 통해 종종

173 테르툴리아누스『월계관』3.
174 에제 9,4.
175 오리게네스『에제키엘서 선집』9 (PG 13,800/801).
176 묵시 7,3 등.
177 루카 9,23.

자신에게 적대적인 환경에서 즉시 자신의 정체성을 확인하게 된다.

그러므로 십자가에 못 박히신 분을 고백하는 것을 부끄러워하지 맙시다! 우리의 손가락으로 담대하게 이마에 인장을 찍고, 우리가 먹는 빵과 마시는 잔에, 우리가 들고 날 때, 잠자기 전에, 모든 것에 십자가를 그읍시다. 이 보호 수단[178]은 잠자는 사람과 일어나는 사람, 여행자와 휴식을 취하는 사람에게 탁월하며, 가난한 사람에게 값이 없고, 약한 사람도 어려움 없이 사용할 수 있습니다. 사실 하느님의 관점에서 볼 때 이 은총이 신앙인들에게는 하나의 표지이고 악령들에게는 공포입니다. 이를 통해서 그분은 그들을 이기셨고 그들을 "발가벗겨 공공연한 구경거리로"[179] 삼으셨습니다. 십자가를 볼 때 그들은 십자가에 못 박히신 분을 기억하기 때문입니다! 그들은 "용의 머리들을 깨뜨리신"[180] 분을 두려워합니다. 인장이 자발적인 선물이라고 해서 멸시하지 말고 바로 그런 이유 때문에라도 은혜를 주신 분을 더욱 공경하십시오.[181]

우리가 세례 때 처음 받았고[182] 십자성호를 그을 때마다 계속 우리 자

---

[178] 키릴루스는 필라크테리온(φυλακτήριον, 보호 수단 또는 부적, 성구갑)을 의도적으로 언급하고 있다. 여기서 필라크테리온은 물체가 아니라 십자가를 표시하는 자세이다. 신심 깊은 유대인들은(참조: 마태 23,5) 탈출 13,9.16; 신명 6,8; 11,13-21을 문자적으로 해석하여 오늘날에도 필라크테리온(성구갑)을 착용하는데, 키릴루스는 십자가 표시를 이러한 필라크테리온과 동일시하고 있다. 필라크테리온이란, 양피지에 율법의 핵심 구절들을 적어 넣은 작은 가죽 상자로, 유대인들은 기도할 때 이마와 팔에 매달아 착용했다.
[179] 참조: 콜로 2,15.
[180] 시편 73,14 칠십인역. 우리말 성경(시편 74,14)은 '용'이 아니라 '레비아탄'이다.
[181] 예루살렘의 키릴루스 『교리교육』 13,36.
[182] 참조: 에바그리우스 『수도승을 위한 금언집』 124.

신에게 각인하는 '영적 인장'은 공개적으로(μετὰ παρρησίας) 찍기 때문에 보통 가시적인 자세로 이해된다. 그래서 그리스도인의 이 영적 인장은 경건한 유대인이 이마에 매다는 성구갑과 비슷하다. 유대인의 성구갑에 담긴 성서 본문들이 한 분 하느님에 대한 고백을 증언하는 반면,[183] 그리스도인은 마치 바오로가 십자가에 못 박힌 그리스도를 갈라티아 사람들의 '눈앞에 그렸던'[184] 것처럼, 단순한 십자성호 자세를 통하여 "십자가에 처형되신 그리스도"[185]를 공적으로 고백한다.

"십자가에 못 박히신 분을 고백하는 것을 부끄러워하지 맙시다!" 이 권고에는 우리에게 아주 친숙한 사상이 반영되어 있다. 곧, 눈에 보이는 표지인 외적인 몸의 자세는 영혼의 내적 상태를 가시적으로 표현한다는 것이다. 십자가로 자신에게 인장을 찍는다는 것은, 그리스도에 대한 고대나 현대의 저 모든 영지주의적 해석에 반하여, 신경에서 말하는 것처럼 "본시오 빌라도 통치 아래서 고난을 받으시고 십자가에 못 박혀 돌아가시고 묻히신" 교회의 참된 그리스도를 분명하게 고백하는 행위다.

"십자가에 처형되신 그리스도"는 "유대인들에게는 걸림돌이요 이방인들에게는 어리석음"[186]이었기에, 처음부터 혼란을 불러일으켰다. 이러한 사정은 오늘날까지 변하지 않았으며, "그리스도 십자가의 원수"[187]

183 성구갑에 담긴 말씀은 대표적으로 탈출 13,1-13; 신명 6,4-9; 11,13-21 등이다.
184 갈라 3,1.
185 1코린 1,23; 2,2.
186 1코린 1,23.
187 필리 3,18.

는 오히려 수 세기 동안 상당히 증가했다. 오늘날 목에 십자가를 걸거나 십자성호를 긋는 방식 등으로 그리스도의 십자가를 고백하는 사람은 "십자가의 원수들"로부터 종종 멸시와 박해를 당하는데, 이는 단지 '생명을 주는 십자가'의 모든 흔적을 지우고 그것을 법으로 금지하는 특정 무슬림 국가들에서만 있는 일이 아니다.

자기 '골방'의 고요 속에서, 또는 자기만의 공간에서 개인 기도를 드리는 사람은, 테르툴리아누스와 오리게네스가 모든 그리스도인에게 기대했던 것처럼 자주 십자성호를 그으면서, 바깥세상에만 증언하는 것이 아니라 내면에서도 주님이요 구원자에 대한 자신의 신앙을 강화한다. 이러한 호혜적 효과는 우리가 여기에서 논의하는 모든 자세의 특징이다.

이집트 파코미우스 수도승 집단에 기원을 둔 한 본문은, 기도 중에 동쪽을 마주하는 것과 마찬가지로, 십자성호를 긋는 자세도 초기 그리스도인들에게 항상 그들이 받았던 세례를 상기시켰다고 분명히 밝힌다. 모든 것을 포괄하는 이 세례 사건에서 처음으로 그들에게 '영적 인장'이 새겨졌고 이를 통해 그들은 그리스도에 의해 영원히 '표지'를 받고 그리스도와 결합하게 되었기 때문이다.

사실 인장은, 인장 찍힌 대상이 물건이든 사람이든, 그 대상의 주인을 가리킨다. 고대에는 특히 노예들에게 이런 방식으로 '인장'을 찍었다. 아우구스티누스는 이마에 십자가 문신을 새긴 당시의 그리스도인들에 대해 보고한다. 이는 오늘날에도 동방의 많은 그리스도인들이 보통 오

른쪽 팔뚝에 작은 십자가 문신을 새기는 이유를 이해할 수 있게 해 준
다. 그들은 십자가 문신을 새김으로써 자신이 "예수 그리스도의 종"[188]
이라고 공개적으로 밝히는 것이다.

기도를 시작할 때에는 세례의 표지로 날인합시다. 우리가 세례를 받
았던 날처럼, 에제키엘 예언서[189]에 쓰인 것처럼, 이마에 십자성호를
그읍시다. 단지 입이나 수염까지만 손을 올리지 말고 이마에 손을
대며 마음속으로 이렇게 말합시다. "우리는 인장을 찍었습니다!" 이
인장이 세례식 때의 인장과 똑같은 정도로 고귀하지는 않지만, 우리
가 세례를 받은 날 우리 각자의 이마에는 십자가 표지가 새겨졌습니
다.[190]

십자성호를 긋는 자세는 다른 어떤 자세와도 달리 그리스도인을 '그리
스도인'으로 알아보게 한다. 그리스도인의 구원은 오직 십자가 위 그
리스도의 죽음으로부터만 유래하며, 그리스도인은 세례성사를 통해서
신비로운 방식으로 이 구원에 편입된다.

그러나 '(십자가의) 표징을 입는다'[191]는 것은 심지어 이승에서도 '자

---

188 로마 1,1 외 여러 곳.
189 참조: 에제 9,4.
190 호르시에시 「규정」 83쪽.
191 참조: 루카 14,27. 알렉산드리아의 클레멘스는 그리스도의 말씀을 십자가의 표징과
     관련시켜 이해하기 때문에 자연스럽게 '십자가'라는 단어를 '표징'(σημεῖον)으로 대체한
     다. 그는 "인자의 표징"(마태 24,30)도 염두에 두었을 것이다.

기 소유를 모두 버림으로써'¹⁹² '나의 죽음을 몸에 지니고 다니는 것'¹⁹³을 의미한다. 육을 창조하신 분에 대한 사랑과 앎(επιστήμη)을 위해 영혼을 창조하신 분에 대한 사랑은 다르기 때문이다.¹⁹⁴

이러한 이유로 우리가 우리 자신이나 타인들에게 긋는 거룩한 십자성호는 언제나, 십자가 위 그리스도께서 모든 적대적인 세력을 거슬러 이기셨다는 승리에 대한 신앙 고백이다. 교부들 역시 이 적대적인 세력과 직면하고 있다는 것을 인식할 때마다 항상 십자성호를 사용했다. 이미 대 안토니우스는 악령들과 그들의 환영幻影이 실제로는 "아무것도 아니며, 특히 신앙과 십자성호로 무장할 때 재빠르게 사라진다"¹⁹⁵고 제자들에게 가르쳤다. 다양한 형태의 이교 마법을 퇴치하는 데에도 마찬가지다.¹⁹⁶

만일 그대가 그대의 이마와 그대의 가슴에 우리 주님의 십자가 표지로 자주 인장을 찍는다면 악령들은 떨면서 그대에게서 도망칠 것입니다. 그들은 이 복된 표지 앞에서 격렬하게 전율하기 때문입니다.¹⁹⁷

만일 그대가 마음에 남겨진 나쁜 기억과 원수의 다양한 공격을 근절하고 싶다면, 자주 이마와 가슴에 우리 주님의 십자가 표지로 인

---

192 참조: 루카 14,33.
193 참조: 2코린 4,10.
194 알렉산드리아의 클레멘스 『양탄자』 7,79,7.
195 아타나시우스 『안토니우스의 생애』 23,4; 참조: 같은 책 13,5.
196 같은 책 78,5.
197 안키라의 닐루스 『서간집』 2,304.

장을 찍으면서, 우리 구원자를 기억하고 밤낮 그분의 고귀한 이름을 열렬히 부르는 것으로 재빨리 무장하십시오. 우리 구원자 예수 그리스도의 이름이 불릴 때마다, 그리고 가슴과 이마와 [몸의] 다른 지체에 주님의 십자가 인장이 찍힐 때마다, 의심할 여지 없이 원수의 힘은 진압되고 악령들은 전율하며 우리에게서 도망칩니다.[198]

에바그리우스의 증언에 따르면, 이미 그의 스승 대 마카리우스는 십자가를 모든 형태의 악령의 괴롭힘에서 보호하는 상징으로 해석했고, 입에 십자가 인장을 찍는 관습도 '본디의, 글로 쓰이지 않은 전통'[199]으로 언급했다. 거룩한 교부들에 따르면, 이는 우리가 앞에서 자주 거론했던 글로 쓰이지 않은 사도적 전통을 구성하는 또 하나의 요소이다.

그러나 십자성호의 힘이 아무리 강하다 하더라도 그것은 결코 마법적인 자세가 아니다. 십자성호를 강하게 하는 것은 바로 십자가에 못 박히신 분에 대한 신앙이다.

> 유혹을 (받으면) 항상 네 이마에 신중하게 (십자) 표시를 하여라. 누구든지 만일 믿음으로 행한다면 이것은 악마를 대적하는 수난의 표지로 드러나게 되기 때문이다. 따라서 사람들에게 호감을 주기 위해 하지 말고, 마치 갑옷을 (입은 사람)처럼 능숙하게 바칠 것이다. 세례를 (통해 하느님의) 모상으로 뚜렷이 변화된 (너의) 마음에서 나오는 성령의 능력을 보게 되면, 적대자는 놀래어 도망치게 될 것이

---

198 안키라의 닐루스 『서간집』 3,278.
199 에바그리우스 『악한 생각』 33,26-28.

다.²⁰⁰

아마도 처음에는 '우리의 구원자 예수 그리스도의 이름으로', 후에는 '성부와 성자와 성령의 이름으로'²⁰¹ 그었을 십자성호에 이러한 힘이 담겨 있다면, 헛된 영광을 위해 성호를 긋거나 무분별하게 성호를 긋지 말아야 한다는 것은 당연하다. 교회 전통 역시 이러한 이유로 우리가 십자성호를 긋는 방식을 정해 놓은 것이다.

지금까지 인용한 교부 시대 문헌이 가르치듯이, 동방과 서방 모두 처음에는 아마도 한 손가락으로만 주로 이마에 '작은 표시'(signaculum)를 했을 것이다. 그리고 특별한 날들에는 이와 똑같은 방식으로 입술과 가슴 등에 '인장'을 찍었고, 결국에는 시간이 지나면서 그리스도의 십자가 아래 온몸을 내맡기는, 우리 모두에게 친숙한 장엄한 자세로 발전했다. 다마스쿠스의 페트루스(11세기?)는 이 자세를 아주 상세하게 묘사한다.

> 더욱이 어떤 대가나 노력을 들이지 않고 소중하고 생명을 주는 십자성호를 누구나 그을 수 있으니, 이를 통해 악령과 각종 질병이 쫓겨나는 것을 보면 놀라울 따름이다. 과연 누가 [거룩한 십자가에 경의를 표하는] 그 찬사를 다 헤아릴 수 있겠는가?

그러나 거룩한 교부들은 믿지 않는 이들과 이단을 논박하기 위해 이

---

200 히폴리투스 『사도 전승』 c,42.
201 바르사누피우스와 요한 『서간집』 46.

거룩한 십자가 표징의 의미를 우리에게 전해 주었다. 두 손가락과 한 손은, 우리가 한 위격에 두 본성을 지니셨다고 고백하는 십자가에 못 박히신 주 예수 그리스도를 나타낸다. 오른손은 그분의 무한한 능력과[202] 그분이 아버지 오른편에 앉아[203] 계시다는 것을 상기시켜 준다. 그리고 그분은 하늘에서 우리에게 내려오셨기 때문에[204] 우리는 십자성호를 위에서부터 [긋기] 시작한다. 더욱이 오른편에서 왼편으로 향하는 [손의 움직임은] 원수들을 몰아내고, 주님께서 누구도 꺾을 수 없는 당신의 힘을 통해서, 왼편의 무력하고 어두운 존재인 악마를 정복하셨다는 것을 가리킨다.[205]

이 '두 손가락 십자성호'는 고대 동방과 서방의 수없이 많은 그리스도 묘사에서 유래한 축복의 자세로 우리에게도 잘 알려져 있다. 러시아의 '구교우舊敎友들'이 오늘날까지 보존하고 있는 이 자세는 '믿지 않는 이들'과 '이단'이 흥했던 환경에서 기원했을 것이다. 단성론자와 네스토리우스파에 반대하는 의미의 두 손가락과 한 손은, 한 위격 안에 육화한 말씀의 두 본성을 말없이 고백한다.

'위 – 아래'와 '오른편 – 왼편'에 대한 성서적 상징은 더욱 오래되었고 시간과 장소에 제한되지 않으며, 심지어 오늘날에도 일상 언어와 관습에 깊이 뿌리내려 있다. 위에 언급한 그리스도론 논쟁이 가라앉고 그

---

202 시편 118,15 등.
203 시편 110,1; 마태 22,44 등.
204 에페 4,10.
205 『필로칼리아』 3권 251쪽 이하. 결론의 언급은 참조: 마태 25,33 이하.

러한 논쟁이 사라진 상황에서 십자성호는 그 상징의 충만함을 드러냈고 결정적 형태를 찾았다.

라틴 전통의 그리스도인은 왼쪽에서 오른쪽으로 십자성호를 그어 왔기 때문에, 오른쪽에서 왼쪽으로 십자성호를 그으라는 분명한 지침이 이상하게 보일 것이다. 그리스인들은 십자성호를 항상 오른쪽에서 왼쪽으로 그은 반면, 서방에서는 트리엔트 공의회 개혁이 이 관습을 표준화할 때까지 수 세기 동안 두 방식이 대등하게 공존했다.[206] 그러면 어떤 방식이 '옳은' 것인가? 대답은 결국 어느 방식이 가장 적절한가에 달려 있다. 교황 인노켄티우스 3세는 로마 교회의 부제였던 시절 1189/1190년 아래와 같이 썼다.

> 십자성호는 [오른손의] [첫] 세 손가락으로 그어야 한다. 우리가 삼위일체를 부르면서 십자성호를 긋기 때문이다. 삼위일체에 대해 예언자는 이렇게 말씀하신다. "누가 세 손가락으로 땅덩어리를 저울에 달았느냐?"[207] 그리스도께서 하늘에서 땅으로 내려오셨고 유대인에게서 이방인에게로 건너가셨기 때문에, 위에서 아래로 내려가고 오른쪽에서 왼쪽으로 가는 방식으로 성호를 긋는다.[208]

앞서 인용한 동방 다마스쿠스의 페트루스와 마찬가지로 인노켄티우스

---

206 Boris A. Uspenskij의 통찰력 있는 저작은 참조: *Il segno della Croce e lo spazio sacro*, Napoli, 2005. 우스펜스키는 풍부한 원천 자료들을 사용했지만, 그가 내린 결론은 때로 주의 깊게 살펴보아야 한다.
207 이사 40,12 불가타.
208 Innozenz III., De Sacro Altaris Mysterio, liber II, c. XLV (PL 217,825).

3세 역시 12세기 서방 로마에서 십자성호를 긋는 방식을 구원사적 맥락에서 설명하고 있다. 여기에서도 위가 아래보다 고귀하고 오른쪽이 왼쪽보다 고귀하다고 상정하는데 이는 또한 성서적 상징 및 일상적 관습과 부합한다. 그런데 이 사실은 오른쪽에서 왼쪽으로 십자성호를 긋는 그리스 관습의 독창성을 지지하는 중요한 논거이기도 하다. 아마도 사람들이 처음에는 위 – 아래, 오른쪽 – 왼쪽 네 방향을 상징적으로 해석하는 일 없이 자연스럽게 십자성호를 그어서 자신을 표현했을 것이기 때문이다.

그러나 방금 인용한 부분 다음에 이어지는 구절들에서는 당시 이미 "몇몇" 사람들이 오늘날 서방의 관습처럼 십자성호를 반대 방향으로, 곧 왼쪽에서 오른쪽으로 긋기 시작했다고 밝히고 있다. 그리고 이에 대해 상징적이고 실용적인 근거를 제시한다. 그리스도께서 죽음에서 생명으로 건너가시고 저승에서 천국으로 건너가신 것과 마찬가지로, 우리도 나쁜 쪽인 왼쪽이 상징하는 비참에서 선한 오른쪽이 상징하는 영광으로 건너가야 한다는 것이다. 더욱이 축복 도중에 사제가 십자가 인장을 찍는 것과 똑같은 방식으로 자신에게 십자성호를 그어야 한다고 설명한다.

인노켄티우스는 상징적 근거에 대해서는 언급하지 않는다. 결국 '설명'이라는 것은 모든 관습이나 심지어 모든 남용에 대해서도, 설사 터무니없는 것이라고 하더라도 나중에 덧붙일 수 있기 때문이다. 그러나 인노켄티우스가 실용적 근거를 받아들이길 원하지 않았다는 것은 흥미롭다. 그는, 우리가 우리에게 등을 돌린 사람들에게 십자성호를 긋는

게 아니라, 오히려 얼굴을 맞댄 상태에서 십자성호를 긋는다고 옳게 지적한다. 그래서 사제는 왼쪽에서 오른쪽으로 성호를 그으며, 그 성호를 받는 신앙인은 스스로 성호를 긋는 것처럼 오른쪽에서 왼쪽으로 향하는 십자성호를 받을 수 있다. 뒤에 첨가한 "몇몇" 사람들의 실용적 근거는 왼쪽에서 오른쪽으로 긋는 십자성호 관습이 사제의 축복 자세를 모방한 데서 발생했다는 것을 암시한다.

그러나 불행하게도 '몇몇' 사람들은 얼마 뒤에 '많은' 사람들이 되었고 16세기 말 이후에는 결국 '모든' 사람이 되었다. 당시에는 사제가 오른손을 뻗은 자세로 축복하도록 규정되어 있었다. 현재까지도 로마의 주교만은 오른손의 세 손가락을 뻗어서 축복하지만, 사실상 이 관습은 거의 잊혀졌다.

그래서 축복할 때나 개인적으로 성호를 그을 때 한데 모았던 오른손의 세 손가락은 뻗은 손으로 대치되었다. 세 손가락은 거룩한 삼위일체를 상징했으며 우리는 그분의 '이름'으로 축복을 받거나 성호를 긋는다. 그렇다면 뻗은 다섯 손가락의 의미는 무엇일까? 거룩한 삼위일체에 대한 이 조용한 고백은 때로 서약의 자세에서만 볼 수 있으며, 심지어 경솔하게 무신론자라고 자처하는 사람들 사이에서도 찾아볼 수 있다.

우리가 중세의 묘사에서 알고 있는 세 손가락 십자성호를 오늘날 의식적으로 보존하고 있는 사람들은 카르투시오회 수도자들이 유일한 것처럼 보인다. 인노켄티우스 3세의 분명한 설명이 있었지만, 서방은 안타깝게도 깊은 사상을 담아 축복하고 십자성호를 긋는 세심한 방식을 상실하면서 한때 동방과 서방을 일치시켰던 공동 유산의 일부를 잃어 버리고 말았다.

최근 들어 서방에서 생명을 주는 십자성호의 상징적 의미에 대한 지식이 묻히고, 이 거룩한 십자표지가 잊히고 있다는 사실은 아주 우려스럽다. 불행하게도 이는 놀라운 일이 아니다. 어떤 형태로든 십자가 표지 자체가 대중의 가시권 밖으로 점점 밀려나고 있기 때문이다.

그러나 불평할 필요는 없다. 우리가 본디 상징을 재발견하고 그에 따라 행동하는 일을 가로막는 것은 아무것도 없다. 만일 그렇다면 우리가 이 책 맨 앞에 소개한 에바그리우스의 금언은 도움을 줄 수 있을 것이다.

> 교부들의 행적을 그저 감탄하지만 말고,
> 온 힘을 다하여 똑같은 것을 성취할 수 있도록
> 그대 자신에게 요구하시오.

나오며

우리는 이 보화를 질그릇 속에 지니고 있습니다[1]

우리는 "신앙이 증발하고 있다"는 흔한 탄식을 성찰의 출발점으로 삼았다. 우리의 대답은, 신앙의 본질에 부합하는 방식으로 신앙이 '실천' 되지 않았기 때문에 신앙이 증발하고 있다는 것이었다. 이는 개인 기도의 현재 상태와 그 '실천들'을 보면 분명히 드러난다. 사실 기도는 고대부터 현재까지 신앙의 강도를 가늠하는 하나의 척도가 되어 왔기 때문이다. 기도의 법이 신앙의 법(lex orandi lex credendi)이라는 오래된 격언은 오늘날에도 여전히 적용된다. 우리는 기도하는 대로 믿으며, 믿는 대로 기도한다. 올바르게 기도하지 않는 사람은 머지않아 올바르게 믿지 않게 될 것이다. 그리고 올바르게 믿지 않는 사람은 올바르게 기도

---

1 2코린 4,7.

하지 않을 것이며, 자신의 신앙이나 자기 생각에 더 적합해 보이는 다른 '형식'을 추구할 것이다. 그러나 교회와 성서의 전통 및 교부들의 전통은 기도에 대한 문헌만 남긴 것이 아니라, 기도의 관습과 형식과 자세 등 참으로 풍성한 보화를 남겼다. '우리에게 맡겨진' 이 소중한 자산은, 마치 '질그릇' 속에 담긴 보화처럼, 우리가 보존하고 물려줄 수 있는 '참된 기도'에 관한 보물이다.

현대에는, 특히 서구 그리스도교에는 이러한 본디의 풍요로움이 거의 또는 아무것도 남아 있지 않다. 글로 쓰이지 않은 이 사도적 전통은 조금씩 사라졌다. 그러나 이렇게 '외적인' 것들이 결여되어 있을 때 기도는 요셉 부스나야가 말했듯이 '습관적이고 차가우며 얕아지게' 된다. 그래서 신앙의 본질에 따라 스스로를 표현하지 못하는 신앙은 어느 사이엔가 차가워지고 결국에는 증발하고 만다.

초기 교부들에게는 이러한 전통이 결코 그저 '외적인' 것이 아니었다. 그들은 그 전통의 의미가 이해되지 않을 때면 언제든 무시되고 결국 잊힐 위험이 있다는 것을 아주 잘 인식하고 있었다. 그래서 라틴 서방의 테르툴리아누스와 키프리아누스 및 그리스 동방의 오리게네스는 이미 그들의 『기도론』에 '실천적' 지침을 덧붙이는 것을 중요하게 여겼고, 거기에 계속 상기되어야 할 교회의 사도적이고 '본디의, 글로 쓰이지 않은' 전통을 담았다.

그러나 오늘날 많은 사람들은 이러한 전통이 광범위하게 소멸되는 현상을 보면서 과거로 회귀할 수 없다는 치명적인 결론을 내린다. 그들은 서구의 영적 위기를 치유할 수 있는 길이 '우리 뒤'가 아니라 '우리 앞'에 있다고 말한다. 사실 현재의 사명은 폭넓은 '보편주의' 정신으로 인류의 대 종교들로부터 배우고, 우리가 잃어버린 것이나 부족하다고 여겨지는 것을 그들에게서 빌려 와야 한다는 것이다.

결과적으로 많은 사람들은 다른 종교들로부터 기도가 아닌 명상의 다양한 '방법들'을 채택하는 것을 전혀 문제 삼지 않았다. 사실 이는 아주 간단한 일처럼 보이기도 하는데, 예를 들어 "선禪은 신앙 체계가 아니라 수련이다"(R. Resch)와 같은 말을 확신한다면 선의 불교적 환경에서 쉽게 벗어날 수 있기 때문이다. 실제로 좌선은 많은 사람들을 위한 '길'이 되었으니, 그들은 그 길 위에서 더욱 깊은 '하느님 체험'을 할 수 있길 원한다.

아마도 교회 역사에서 가장 독특한 이러한 현상과 관련해 가능한 한 객관적으로 몇 가지 질문을 제기하고 교부들의 정신으로 대답해 보자.

앞에서 인용한 서양 선사의 진술이 보여 주듯이, 많은 사람들은 '수련'과 '신앙'을 독립적으로 존재하는 두 차원이라고 이해하기에, 이 둘은 어떤 문제도 없이 쉽게 분리될 수 있다고 여긴다. 좌선을 수련하는 소수의 그리스도인 중에는 공식적인 불자로 개종하려는 뜻을 품은 사람들도 있다. 그러나 이러한 정신적 구분은 실제로 어떤 근거를 가지고 있는가? 우리가 머릿속에서 구분할 수 있는 '형식'과 '내용'은 과연 서로 분리될 수 있는 것인가?

이미 세례를 받았지만 다른 종교로 옮긴 몇몇 사람들이 개인적 대화에서 단호히 밝히는 바는, 전형적인 서구 합리주의의 영향을 받아 '형식'과 '내용'을 구분하는 것이 실제로는 아무런 근거도 없는 순전히 정신적인 작용에 불과하다는 사실이다. 누구든 '형식'을 채택하는 사람은 의도치 않게 '내용'도 채택하게 되는데, 내용에서 나오는 형식은 내용의 참된 자기표현이다. 4세기 수도승 사제 에바그리우스에게는 지금 우리가 마주하는 문제가 없었지만, 잠시 그의 말에 귀를 기울여 보는 게 좋겠다.

에바그리우스는 고전으로 평가받는 작품 『기도론』 서문에서 자신에게 그 책을 써 달라고 부탁한 익명의 친구를 칭찬한다. 이 친구는 단지 잉크와 종이에 기대어 나오는 글만이 아니라, 사랑을 통해서 그리고 모든 악한 생각을 망각함으로써, 곧 '수행' 생활[2]의 열매로 말미암아 정신 안에 세워지는 덕을 위해서도 글을 써 달라고 부탁했기 때문이다. 에바그리우스는 계속한다.

> 현자 [시라의 아들] 예수[의 말씀]에 따르면 "만물은 서로 마주하여 짝을 이루고"[3] 있으므로, 문자와 영에 따라 [이 글을] 받아들이고 문자를 완전히 앞서가는 의미를 이해하십시오. 만일 정신이 존재하지 않았다면 문자도 존재하지 않았을 것이기 때문입니다.

이어지는 대목에서 에바그리우스는 이러한 구별을 기도에 적용한다.

2 에바그리우스 『프락티코스』 81.
3 집회 42,24.

기도 또한 이중의 방식으로 구성되는데, 하나는 '실천적' 방식이고 다른 하나는 '관상적' 방식이다. 이 둘은 서로 '양'과 '질'처럼 관계하거나, 성서적 용어로 표현하자면, '문자'와 '영'($\pi\nu\varepsilon\tilde{\upsilon}\mu\alpha$)[4] 또는 문자와 '의미'($\nu o\tilde{\upsilon}\varsigma$)처럼 관계한다.

기도의 '실천적 방식'은 우리가 '방법'이라고 부르는 모든 것을 포함하며, 분리돼서 또는 그 자체로 존재하지 않는다. 실천적 방식이란 '관상적 방식'이 구체화된 형식에 불과한데, 관상적 방식이 없는 '문자'는 '영'이나 '의미'를 지닐 수 없고 심지어 존재하지도 못한다. 그러므로 우리는 실천적 방식과 그것의 '의미'를 분리할 수 없으며, 그리스도교나 다른 어떤 종교에서도 실천적 방식만 따로 떼어서 실행할 수 없다. 외적인 '형식'이라는 것은 언제나 본성상 비가시적인 내용을 가시적으로 표현한 것이기 때문이다.

아마도 모든 교부들이 에바그리우스와 비슷하게 생각했을 것이다. 예를 들어 오리게네스는 그리스도인 기도의 특징적인 자세들이 "기도하는 동안 자기 영혼에 어울리는 특별한 상태의 상像을 몸에도 전달하기 때문에" 손을 펼쳐 들기 전에 "영혼을 펼치고, 눈을 위로 들기 전에 영을 하느님께 들며, 기도하기 위해 일어서기 전에 마음을 땅에서 일으켜 만물의 주님이신 분의 현존 앞에" 두어야 한다고 권고한다.[5]

이 사상을 더 이어가면, 우리가 생각으로는 '문자'와 '영'(의미)을 구분할

---

4 참조: 2코린 3,6.
5 오리게네스 『기도론』 31,2.

수 있지만, 일단 이 둘이 하나가 되면 서로를 객관적으로 분리할 수 없다는 결론을 내릴 수 있다. '영'은 '문자' 없이 존재할 수 있지만, 개념적으로 항상 문자에 선행하는 영 없이는 문자가 존재할 수 없다. 기도의 '실천적 방식'은 오직 '관상적 방식'에, 곧 그리스도 신앙이 궁극적으로 지향하는 내용에 자기 존재를 빚지고 있기 때문이다.

여기에서 또한 중립적인 '실천적 방법'이라는 것은 존재하지도 않고 존재할 수도 없다는 결론이 나오는데, 진정한 '영'이나 '의미'(교의적 내용)와 그것을 담은 형식(실천적 방식)은 분리될 수 없으며, 이 형식 안에 본질적이지 않은 다른 '의미'를 마음대로 채워 넣을 수도 없기 때문이다. '기도의 실천적 방식'은 자기 존재의 구체적인 형식을 오직 '관상적 방식'에 의존한다. 그러므로 실천적 방식의 유일한 목적은, 하느님의 은총으로 이 영적 '의미'가 기도하는 사람 안에서 하나의 실재가 될 수 있도록, 관상적 방식이 요구하는 특별한 수단을 이용해서 '관상적 방식의 영'을 제공하는 것이다.

기도의 실천적 방식이 본질적으로 의미와 연결되어 있다는 사상은, 특히 종교의 특정한 '정신'을 표현하는 정교한 '방법들'에 적용되는데, 이 방법들은 그 종교의 정신이라는 토양에서 성장해 왔기 때문이다. 결국 우리는, 모든 종교에서 고유한 의미를 지니는 서 있는 자세나 눈을 드는 자세와 같은 일반적인 인간적 자세를 다루는 게 아니다. 그러나 이 자세들은 너무도 보편적이어서 누구도 어디 다른 곳에서 '빌려 왔다'고 생각하지 않을 것이다.

그러므로 우리가 하느님께 드리는 '영적이고 육체적인 이중의 예배'(다마스쿠스의 요한)는 하나의 독립적인 통합체이다. 기도의 '관상적 방식'과 '실천적 방식'은 각자의 방식으로 서로 영향을 끼친다. 앞서 보았듯이 본질적인 '영'이 '실천적 방식'이나 '방법'의 꼴을 지었기에 영이 없는 실천적 방식과 방법은 무의미하다. 그러나 역으로, '관상적 방식'이 영혼과 육체로 이루어진 기도하는 사람 안에서 어떤 형태를 취하지 못한다면, 곧 관상적 방식에 적합하고 관상적 방식을 향해 지향된 실천이 없다면, 관상적 방식은 실체가 없는 채로 머물고 말 것이다. 이 실천의 유일한 목적은 '관상적 방식'에 담긴 특별한 그리스도교적 '의미'를 체험하도록 이끄는 것이다.

거룩한 교부들, 특히 에바그리우스가 '방법'이라는 용어를 사용할 때 단지 어떤 '기술'을 의미하는 게 아니다. 이 책의 주요 주제인 '실천'(수행)은 "영혼의 정념부를 완벽히 정화하는 영적 방법"[6] 중에서 감각적으로 인지할 수 있는 부분이며, 에바그리우스가 프락티케라고 부르는 것, 기도 생활과 관련해서는 "기도의 실천적(수행적) 방법"이라고 부르는 것이다. 에바그리우스는 『기도론』에 대해 말할 때 이 포괄적인 '영적 방법'을 암시한다. 그의 『기도론』은 잉크와 종이에 기대어 나오는 글만이 아니라, 사랑을 통해서 그리고 모든 악한 생각을 망각함으로써, 곧 "하느님의 은총과 인간의 노력"[7]이 협력한 열매로 정신 안에 세워지는 덕과 관련이 있다.

6 에바그리우스『프락티코스』78.
7 에바그리우스『시편 발췌 주해』17,21,12.

사랑은 무정념(ἀπάθεια)의 산물이며, 무정념은 수행(πρακτική, 또는 금욕 생활)의 꽃이다. 수행은 계명 준수에 기초를 두며, 계명의 수호자는 하느님에 대한 두려움이다. 하느님에 대한 두려움은 올바른 신앙의 산물이며, 신앙은 심지어 아직 하느님을 믿지 않는 이들에게도 자연스럽게 존재하는 내재적 선이다.[8]

모든 인간은 '하느님의 모상에 따라' 창조된 까닭에, 신앙이라는 자연스러운 능력이 (현재 아직 믿지 않는 사람까지 포함해) 모든 사람에게 내재한 타고난 선이라 하더라도, "공경하올 거룩한 삼위일체에 대한 올바른 신앙"[9]을 일깨우기 위해서는 여전히 하느님의 자기 계시가 필요하다. 오직 올바른 신앙만이 '실천적' 신앙인을 한 걸음씩 '완전하고 영적인 사랑'으로 인도하며, 이 사랑 안에서 기도는 "영과 진리 안에서 실재가 된다".[10]

지금까지 논의에서 우리가 내려야 하는 결론은, 적어도 신앙의 아버지들의 주장에 따르면, 각자가 임의대로 '의미'를 채울 수 있고 신앙인과 비신앙인 모두를 똑같은 목적지로 인도해 줄 수 있는, 소위 '중립적 실천'이라는 것은 존재하지 않으며 원칙상 존재할 수도 없다는 것이다. 중립적 실천을 유지한다는 관념은, 하느님과 구원 역사를 전혀 진지하게 고려하지 않고 자기 취향에 맞추어서 '세계관'을 구축한다는 것을 의미하기 때문이다.

---

8 에바그리우스 『프락티코스』 81.
9 에바그리우스 『시편 발췌 주해』 149,2,1.
10 에바그리우스 『기도론』 77.

분명히 모든 사람이 한 분 하느님의 존재에 관한 지식에 접근할 수 있다.[11] 그러나 이런 지식에서 모두가 똑같은 결론을 얻는 것은 아니다.[12] 이 한 분 하느님은 구약에서 역사에 직접 개입하심으로써, 신앙인이 부를 수 있고 불러야 하는 당신의 '이름'[13]을 처음 계시하셨다. 그러나 그분은 심지어 모세에게도 보여 주시지 않았던 당신의 '얼굴'[14]을, "보이지 않는 하느님의 모상"[15]이시며 "그분 영광의 광채요 그분 본체의 표상"[16]이신 그리스도 안에서 우리에게 보여 주셨다. 그래서 그때부터 "나를 본 사람은 이미 아버지를 보았습니다"[17]라는 말씀이 적용된다. 이 절대적인 새로움이 새로운 '실천'에 구현되거나 일반적인 인간의 자세에 완전히 새로운 의미를 부여한다는 것은 얼마나 놀라운 일인가?

앞에서 논의한 '실천'(수행)들은 구원 역사의 과정에서 구현되었기에 성서적이고 그리스도교적인 기도 형태와 다름없는 것이다. 그 실천들은 결코 '기한이 정해져 있는 외관'이 아니라, 깨지기 쉬운 '질그릇'에 담겨 우리에게 전해 오는 소중하고 썩지 않는 보물이며, 본질적으로 영적이며 보이지 않는 '보화'이다. 비록 사도들은 의도적으로 이 실천들을 글로 기록하지 않았으나, 테르툴리아누스나 대 바실리우스와 같은 교부들은 기록되지 않은 전통도 마땅히 글로 쓰인 전통과 동일한 권위

11 참조: 로마 1,19.
12 참조: 로마 3,21 이하.
13 탈출 3,13.
14 탈출 33,20.
15 콜로 1,15.
16 히브 1,3.
17 요한 14,9.

를 지닌다고 여겼다.

어쨌든 교부들은, 오리게네스가 언급하듯이 교회의 관습들 중에는 "모든 사람이 지켜야 할 것들이 많이 있지만, 그 이유를 모두가 이해하지는 못하는"[18] 상황을 이미 잘 알고 있었다. 그러나 이러한 몰이해로 말미암아 이 관습들은 폄하되고 결국 방치되어 버려질 위험에 처해졌다. 이에 따라 교부들은, 글로 쓰이지 않은 사도적 전통이 폄하돼서 "중요한 곳에서 의도치 않게 복음 자체가 손상을 입지"[19] 않도록, 교회 관습에 담긴 더 깊은 의미를 설명해야 할 필요성을 일찍부터 인식하고 있었다. 모든 세대가 이러한 필요성을 새롭게 직면하고 있으며, 그래서 교회의 교사들은 '기록된 전통'과 '글로 쓰이지 않은 전통'을 온전하게 보존해야 할 뿐 아니라, 신앙인들에게 이 전통을 항상 새롭게 선포해야 하는 것이다.

에바그리우스는 '기도의 실천적 방식'이 '문자'[20]와 비슷하고, 선재하는 '의미'로 말미암아 존재하며, 의미를 표현함으로써 의미가 전달될 수 있게 한다고 말했다. 그리고 이는 일반적인 프락티케(πρακτική, 수행)에도 적용된다. 달리 말해서 영성 생활의 모든 '실천적'(수행적) 요소들은 기도하는 사람에게 기도의 '영'을 계시하는 하나의 '언어'로 작용한다. 오직 이 '언어'에 능숙한 사람만이 기도의 숨겨진 '의미'를 이해하고 다

---

18 오리게네스 『민수기 강해』 5,1.
19 대 바실리우스 『성령론』 27,66,8.
20 그리스어 단어 γράμμα는 문자만이 아니라 '글'이나 '본문', '문서'를 모두 의미할 수 있다.

른 사람에게도 전달할 수 있다.

그러므로 이러한 '언어'의 상실은 불가피하게 일종의 '말 못 하는 상태'로 우리를 이끈다. 우리가 더는 그 '의미'를 실존적으로 체험할 수 없기에 다른 사람들에게도 전달할 수 없는 상태로 이어지는 것이다. 오늘날 '전통의 붕괴' 또는 '전통의 단절'이라 불리는 이 현상은 마치 식물에 수액이 오르지 못하여 시들어 버리는 것과 같다. 영성 생활에서 이는 신앙의 아버지들의 '언어'를 이해하지 못하는 무능함과 자녀들 앞에서도 말을 못하는 무력함을 의미한다.

그러나 자연은 언제나 빈 공간을 채우려고 추구한다. 부모는 '길'을 잃었다는 사실을 받아들일지 모르지만, 그 자녀들은 이에 대해 쉽사리 만족하지 않을 것이다. 그들은 살기를 원하며 "우리의 길에 이질적인 것들을 도입하고" 스스로 "우리 구원자가 제시한 길을 알지 못하는 사람들"이 될 위험에 노출되었다는 것을 알아차리지도 못한 채 새로운 "길들"을 탐색한다(에바그리우스).

우리가 인식하든 인식하지 못하든 '수단'을 선택한다는 것에는 이미 결과를 미리 결정한다는 의미가 포함되어 있다. 프랑스 속담은 이를 간결하게 표현한다. "당신이 하는 일이 당신을 만든다!" 자기 신앙의 토양에서 성장하지 않고 하느님과 '얼굴을 맞대고' 만나는 것과는 전혀 다른 목적지로 가도록 고안된 '실천'과 '방법'을 탐닉하는 사람은 누가 됐든 자신도 모르게 또 다른 어떤 '신앙'으로 향하게 될 것이다. 그러나 이러한 신앙은 하느님이 아닌 다른 목적지를 향하도록 하는 실천을 진정한 자기표현으로 삼은 것에 불과하다.

많은 사람들은 자신이 길을 잃었고 오랫동안 '믿음'과 '실천'을 분리한 채 살아왔다는 사실을 인정하지 않을 것이다. 그러나 조만간 그들은 더욱 깊이 이해하려고 애쓰던 신앙의 비밀로부터 점점 멀어지고 있음을 깨닫게 될 것이다.

그렇다면 자신의 뿌리가 뽑혔다는 것을 알게 되었을 때에는 무엇을 해야 할까? 그러한 시간에는, 성서적 표현을 사용하자면, "처음부터 있었던 것"으로 돌아가야 한다. 만일 누군가 "처음에 [자신이] 가졌던 사랑을 저버렸다면" 그는 "어디에서 [자신이] 추락했는지 생각해 내야" 한다. 그리고 "회개하고 [자신이] 처음에 행하던 일을 다시 해야" 한다.[21]

이는 영성 생활에서, 그리고 영성 생활에서만이 아니라 다른 영역에서도 "올바른 방식으로 우리보다 앞서가신 분들을 따르기 위해 그분들이 밟았던 노정을 다시 물어야" 한다는 것을 의미한다. 우리는 반드시 '그분들과 대화'를 해야 하는데, 대부분의 경우 이 대화란 '그분들로부터 배우기 위해서' 그분들의 삶과 글을 공부한다는 뜻이다. '도움이 되는 것'을 그분들로부터 들은 다음에는, '가장 낮은 곳에서' 앞서 언급한 '외적인' 것들을 다시 시작해야 한다. 그리고 "교부들의 행적을 그저 감탄하지만 말고, 온 힘을 다하여 똑같은 것을 성취할 수 있도록 자신에게 요구"해야 한다. 오직 이러한 노력을 기울이는 사람만이, 우리가 그

---

21 묵시 2,4-5.

토록 칭송하는 교부들의 하느님에 관한 바로 그 지식을 언젠가는 얻게 되리라는 희망을 품을 수 있다.

그러나 여기에서 묘사한 것과 똑같이 모든 일이 실제로 그대로 일어난다는 것을 결정적으로 증명할 수는 없다. 마지막으로 폰투스의 에바그리우스의 경고를 들어 보자. "교부들의 행적을 그저 감탄하는" 것으로 만족하거나, 풍부한 교부들의 유산을 단지 "학문적으로만" 연구하는 사람들에게는 "더러는 숨겨져 있고, 더러는 모호하여 분명하지 않다"는 것도 불가피하다. 그리고 그들은 어떻든 핵심적인 부분을 놓칠 것이다.

"주의 깊은 연구와 부지런한 실천"은 인간에게서 유래하는 "인식"을 넘어서는 더욱 깊은 이해를 제공할 수 없기 때문이다. 심지어 정념의 지배를 받는 사람이라도 이해력이 충분하다면 이러한 인식을 얻을 수 있다. 그러나 "하느님의 은총을 통해 우리에게 다가오는" 인식에 참여하기 위해서는 "무정념"(ἀπάθεια)이 요구되며, 무정념은 지성만이 아니라 오직 전 존재의 완전한 투신을 통해서만 얻을 수 있다.[22]

[거룩한 교부들의 발자국을 따라서 그들과] 같은 길을 가는 사람들에게는 이 일들이 분명해질 것이다.[23]

---

22 에바그리우스 『그노스티코스』 45.
23 에바그리우스 『프락티코스』 머리말 9.

부록

실천적 조언

『가톨릭 교회 교리서』 제4편 「그리스도인의 기도」 2691항은 기도를 드리기 위해 적합한 장소를 간단히 언급하고 있다.

> 개인 기도를 드리기 위한 장소로는, 우리 아버지 앞에서 '은밀하게 머무르기 위해' 성경과 성화들이 비치되어 있는 '기도의 골방'이 적합할 수 있다.

그러므로 '기도의 골방'을 조성하고 그리스도인이 하늘 아버지 앞에서 '은밀하게' 기도의 성무를 수행하기 위해서는 이 책에서 제시하는 거룩한 교부들의 전통에 기초하여 실천적 결론을 이끌어 내는 것이 유용할 수 있다. 기도에 대한 모든 아름다운 생각이 기도 자체로 이끌어 주지 않는다면 아무런 소용이 없기 때문이다. 그리고 이 지침은 주로 세상에 살고 있는 그리스도인을 대상으로 삼고 있는데, 아무래도 수도자들에게는 익숙한 지침일 것이다.

1. 올바른 장소의 선택과 환경 조성

아버지와 '은밀하게' 개인적 '대화'를 하기 위한 '골방'은 그리스도께서 말씀하신 '밀폐된 문 뒤의 방'처럼 고요하고 평화로워야 한다. 기도하는 사람은 "참된 빛"[1]을 향하고 "어두움에서 당신의 놀라운 빛으로 우리를 부르신"[2] 하느님을 향해야 하기 때문에, 골방이 동쪽을 향해야 한다는 것은 두말할 나위가 없다.

그러므로 골방에는 성화를 비추어 주는 등불이나 촛불 형태의 빛이 있어야 한다. 새벽 전에, 그리고 해 질 녘에 불을 켜는 것은 기도하는 사람이 하느님 앞에서 은밀하게 수행하는 "정신적 예배"[3]의 일부이다.

'동쪽'을 향하는 방향은 예부터 이어 온 관습처럼 십자가로 가장 잘 가리킬 수 있다. 그러한 십자가를 선택할 때에는 사람의 아들의 (십자가) 고통과 죽음만 아니라 죽음에 대한 그분의 승리도 묘사하고 있는지 세심하게 주의를 기울여야 한다. 옛날과 오늘날의 많은 십자가들은 생명

---

1 1요한 2,8.
2 1베드 2,9.
3 로마 12,1.

나무와 십자가의 나무를 아주 아름답게 하나의 모습으로 결합하여 기도하는 사람에게 자신의 '본향'인 천국을 향해 기도하고 있음을 상기시켜 준다.

이 '주님을 나타내는 표지' 오른편과 왼편에, 또는 그 아래에는 (오른편에) 그리스도의 성화와 (왼편에) 성모님의 성화나 좋아하는 성인들의 성화를 걸 수 있다. 이 성화들은 우리 구원자와 "하느님께서 당신의 경이로움을 보여 주신"[4] 사람들을 그림 형태로 제시하며, 혼자 기도하는 사람이 항상 "성인들의 통공 안에서" 기도하고 있음을 깨달을 수 있도록 도와준다.

성서와 시편 또는 필요한 기도서나 묵주 등 매일 드리는 기도의 '도구들'은 기도대 위에 준비해 두어야 한다.

이러한 작은 기도실은 사람들 눈에 띄지 않더라도 그리스도인의 거처를 '가정 교회'로 바꾼다. 작은 기도실은 마치 '세상' 속에서 사라진 듯 보이는 약간의 소금처럼 맛과 향을 더해 준다.

2. 기도하는 시간

세 시간 단위로 크게 구분되는 고대인의 일상은 정밀한 시계의 지시를

---

[4] 시편 67,36 칠십인역.

받는 현대인의 일상보다 훨씬 평화로운 리듬을 따랐다. 그래서 적절한 기도 시간을 선택하는 일이 아주 중요하다. 무엇보다도 시계가 지시하는 명령에 완전히 종속되길 원하지 않는다면 어느 정도의 자기 훈련이 필요하다.

성서의 인간처럼 초기의 수도승 사부들은 일몰 후와 일출 전 시간에 기도드리는 것을 선호했다. 이 시간은 현대인에게도 기도를 드리기 위해서 가장 자유로울 수 있는 시간이다.

낮과 밤의 시작을 하느님께 '첫 열매'로 봉헌하는 사람은 낮과 밤의 나머지 시간도 성화될 것이라는 희망을 품을 수 있다. 그리고 그런 사람은 모든 활동 중에도 마음속에서 '하느님에 대한 기억'을 생생하게 간직하는 일이 더 쉬울 것이다.

매일 드리는 기도가 길든 짧든 가장 중요한 것은 규칙성, 곧 "기도하는 일에 전념"[5]하는 것이다.

3. 작은 성무일도

교회의 시간 전례는, 서방보다는 특히 동방에서, 수 세기를 거치면서 점점 더 세분화되고 더욱 풍부해졌다. '성무일도서'는 이 시간 전례를

---

5 사도 2,42.

더 간결한 형태로 만들려던 초기의 시도를 나타낸다. 지난 수십 년 동안의 전례 개혁으로 말미암아 서방 교회에서는 시간 전례가 더욱 축소되었다.

많은 그리스도인들은 (성직자와 수도자들도) 긴 성무일도를 드리는 것이 '전형적으로 수도원적'이라고 확신한다. 초기의 사막 사부들은 모든 세속적인 일을 그만두고 온전히 기도를 드리기 위해 살았지만, 그들은 언제나 '작은 성무'(μικρά σύναξις, 작은 집회)에 대해 말한다. 사실 각각 열두 시편과 응답 기도로 이루어진 그들의 두 가지 성무일도가 특별히 긴 것은 아니었다. 몇 단어로 이루어진 짧은 화살기도는 말할 것도 없고, 그들이 노동을 하면서 낮에 드렸던 다양한 '기도들'도 주님의 기도 분량을 넘지 않았다.

거룩한 교부들의 발자취를 따라서 '기도의 장소'에 들어가길 바라거나 '기도의 경지'를 열망하는 사람은 자기 능력에 부합하면서도 자신 안에 있는 기도의 영을 일깨우고 그 영이 살아 있을 수 있도록 성무를 구성하는 게 온당할 것이다. 결국 목표는 '온종일 기도하는 마음'을 유지하는 것이기 때문이다.

개인 기도를 드리기 위해 가장 적합한 책은 시편이며 우리는 이 목적에 맞게 준비해야 한다. 이는 '양'보다 '질'을 더 마음에 담았던 몇몇 교부들이 했듯이, 긴 시편들을 더 작은 단위로 나눈다는 것을 의미한다.

그래서 [거룩한 교부들은] 전체 시편을 무질서한 방식으로 재잘거리

는 것보다는 이해하고 집중하며 열 구절을 노래하는 것이 더 유익하다고 여긴다.[6]

모든 사람은 이 현명한 규칙에 따라 기도하기 위해 시편의 수를 자기 능력에 맞게 선택해야 한다. 아침과 저녁 성무일도를 위해 시편 관련 기도와 더불어 시편 열둘이라는 거룩한 수를 지키고자 하는 사람은 여기에 맞춰 시편을 나눔으로써 이를 쉽게 행할 수 있다.

원칙적으로 시편은 어떤 구절을 선택하거나 제외하지 않고 차례차례 낭송해야 한다. 기본적으로 이 일은 하느님의 말씀을 듣는 사안이기 때문이다.

누구든 원한다면 교회의 전통적인 찬가로 시편 기도를 풍요롭게 할 수 있고 성서 독서로 마무리할 수 있다. 많은 사람들은 비교적 자유로운 형태의 이러한 기도 대신에 고정되어 있는 교회의 시간 전례를 선호할 수 있다. 그러나 이 경우에도 교회의 시간 전례가 실제로는 여러 독서자들 및 노래하는 사람 등과 더불어 기도하는 공동체를 전제로 한다는 사실을 염두에 두어야 한다.

어떤 경우든 '작은 성무일도'가 그저 하나의 형식으로 전락해서는 결코 안 된다. 양심상 이유로 작은 성무일도를 드리더라도 내적으로는 참여하지 않는 하나의 임무가 되어서는 안 된다는 말이다. 경험 많은

---

6   요한 카시아누스 『공주 수도승 규정집』 2,11,2.

영성 생활의 스승들이 규칙적으로 기도하는 사람에게[7] 부여하는 자유는 근본적으로 모든 종류의 형식주의를 차단하고 '참된 기도'로 인도하는 데 그 목적이 있다. 경험이 보여 주듯이, 시편과 기도를 번갈아 가며 드리는 것은 좋은 지침이 된다.

마음의 기도는 '영혼의 호흡'이기 때문에 그 자체가 자연히 특정한 기도 시간에 얽매이지는 않는다. 그러나 경험에 비추어 볼 때, 아침과 저녁 특정한 시간에 성무일도를 드리는 것이 도움이 된다. 이러한 방식으로 기도는 더 쉽게 두 번째 천성이 될 수 있기 때문이다.

사도 시대부터 신앙인은 하루 세 차례 주님의 기도를 바쳤다(『열두 사도들의 가르침』). 주님의 기도는 주님께서 친히 가르쳐 주신 그리스도인의 기도이다. 초기 교회에서는 오직 세례를 받은 다음에야 처음으로 이 기도를 드릴 수 있었다. 그러므로 낮 동안 주님의 기도를 자주 드려야 한다는 것은 말할 나위도 없지만, 결코 시간 때우기 용으로 생각 없이 드려서는 안 된다. 주님의 기도는 언제나 각 기도 시간의 가장 의미 있는 부분이 되어야 하고, 주님의 기도에 담긴 특징은 주님의 기도를 드리는 사람의 자세 안에도 표현되어야 한다.

---

7 예컨대 참조: 니네베의 이사악 『수덕 생활』 c. 80, 366쪽 이하.

4. 기도하는 방법과 자세

이 책에서 다양한 기도 방법과 자세를 상세히 논의했다. 기도하는 사람은 시간을 들여 이들 방법과 자세를 모두 자기 것으로 삼도록 노력해야 하고, 처음에는 다소 생소하게 보이는 방법이나 자세도 실천해야 한다. 이들 자세와 방법을 이해하고 적절한 때에 실천한다면 시간이 지남에 따라 숨겨진 의미가 밝히 드러날 것이다. 기도하는 사람은 이러한 방식으로 자신의 기도가 '판에 박힌 듯 습관적이거나 차갑고 얕게' 되는 것을 방지할 수 있다.

특히 교회의 전례 주년과 조화를 이루어 기도할 수 있도록 주의를 기울여야 하는데, 특정 찬가나 독서만 아니라 기도 자세와 관련해서도 조화를 이루어야 한다. 곧, 주님의 날과 부활 시기에 즐거운 축제의 특성을 드러내는 것과 마찬가지로, 수요일과 금요일 및 사순시기 등 전통적으로 금욕과 단식의 날로 여겨지는 시기에는 무릎 꿇기나 부복 등을 통해 가시적으로도 진지한 특성을 살려 내야 한다.

개인 기도와 관련해 거룩한 교부들에게서 내려오는 풍요로움을 모두 이 책에 담을 수는 없다. 이 책은 다만 실천적 도움을 주기 위한 것이며, 선한 뜻을 지닌 모든 그리스도인은 이를 통해 성 베네딕도가 『수도 규칙』에서 말하듯이, '시작'할 수 있을 것이다.

그러나 수도생활의 완덕을 향해 달려가려 하는 사람을 위해서는 거룩한 교부들의 가르침이 있으니, 이것을 지키는 사람은 완덕의 절정에 도달하게 될 것이다. 하느님의 권위로 (쓰인) 신·구약성서의 어느 면面이나 어느 말씀이 인간 생활의 가장 올바른 규범이 아니겠는가? 또한 거룩한 가톨릭 교부들의 어느 책이 우리 창조주께 바른길로 나아가라고 소리치고 있지 않은가? 또한 교부들의 『담화집』이나 『공주 수도승 규정집』[8]이나 그들의 전기傳記[9]나 그 밖에 우리의 거룩한 사부 『바실리우스의 규칙서』[10]는 착하게 살고 순종하는 수도승들의 덕을 닦기 위한 도구들이 아니고 무엇이겠는가?[11]

성 베네딕도가 여기에서 언급하는 내용은, "나는 길이요"라고 스스로 선언하는 그 '길'을 '처음부터' 따라 걸었던 교부들의 수많은 저작에도 똑같이 적용된다. 이러한 저작들이야말로 거룩한 교부들의 발자국을 따르고 그들의 행적을 성취하기 위해 수고를 아끼지 않는 모든 사람들에게 신뢰할 수 있는 스승이 아닐 수 없지 않겠는가?

8 이 책에서 자주 인용한 요한 카시아누스의 두 저술이다.
9 안토니우스와 다른 수도승 사부들의 생애 및 『사막 교부들의 금언』을 가리킨다.
10 루피누스(Rufinus)가 397년경 그리스어에서 라틴어로 번역한 203개 항목으로 된 규칙서를 말한다.
11 성 베네딕도 『수도 규칙』 73,2-5.

참고문헌

1. 인용 원전

『사도 헌장』*Constitutiones Apostolorum*
ed. Franz Xaver von Funk, *Didascalia et Constitutiones Apostolorum*, 2 vols., Ferdinand Schöningh Paderborn 1905.

『사부들의 금언』*Apophthegmata Patrum*
방대하고 널리 파급된 이 자료의 비판본은 아직 구할 수 없다. 그리스어 본문(*Nau, Guy, Evergetinos*)을 구할 수 있을 때에는 이를 사용했다.
독일어 역본: *Apophthegmata Patrum* Teil 1, Das Alphabetikon – Die alphabetischanonyme Reihe, Erich Schweitzer (Hg.), Beuroner Kunstverlag 2012; *Apophthegmata Patrum* Teil 2, Die Anonyma (Apophthegmata Patrum außerhalb des Alphabetikons) Erich Schweitzer (Hg.), Beuroner Kunstverlag 2011; *Apophthegmata Patrum* Teil 3, Aus frühen Sammlungen, Erich Schweitzer (Hg.), Beuroner Kunstverlag 2013.
전체 자료를 편집한 L. Regnault (Solesmes)의 번역본도 참조: *Les Sentences des Pères du Desert* (Recension de Pélage et Jean), Solesmes 1966; *Les Sentences des Pères du Desert*, Nouveau Recueil, Solesmes 1970; *Les*

Sentences des Pères du Desert, Troisième Recueil, Solesmes 1976; *Les Sentences des Pères du Desert*, Collection Alphabétique, Solesmes 1981; *Les Sentences des Pères du Desert*, Série des Anonymes (SO 43), Bellefontaine 1985; *Les Chemins de Dieu au Desert*, La Collection Systématique des Apophthegmes, Solesmes 1992.

우리말 역본: 『사막 교부들의 금언집』, 뻴라지오와 요한 엮음, 실비아 요한 옮김, 분도출판사, 2012; 『사막 교부들의 금언』(알파벳순 모음집), 베네딕다 워드 엮음, 허성석 옮김, 분도출판사, 2018.

『스승의 규칙서』*Regula Magistri*

    ed. De Vogüé, *La Règle du Maître*, (SC 105-107, Paris 1964-1965).

『열두 사도들의 가르침』*Didache*

    W. Rordorf – A. Tuilier, La doctrine des douze apôtres, (SC 248, Paris 1978).

    우리말-그리스어 대역본: 『열두 사도들의 가르침』, 정양모 역주, 분도출판사, 1993.

『이집트 수도승 이야기』*Historia monachorum in Aegypto*

    André-Jean Festugière (ed.), *Historia monachorum in Aegypto*, (Subsidia Hagiographica, 53), Brussels 1971.

『필로칼리아』

    PHILOKALIE der heiligen Väter der Nüchternheit, Bd. 1-6, Würzburg 2004, Beuroner Kunstverlag 2016.

닐루스 (안키라의) 『서간집』

    Nil von Ankyra, *Briefe*, (PG 79,81-581).

디디무스 (맹인)『창세기 주해』
  Commentarii in Genesim, eds. P. Nautin, L. Doutreleau, SCh 233, 244, Paris 1976-1978.

디아도쿠스 (포티케의)「영적 완성에 관한 단상 100편」
  Diadoque de Photicé, 「Cent Chapitres sur la perfection spirituelle」, *OEuvres spirituelles*, É. des Places (SC 5).

바르사누피우스와 요한『서간집』
  Barsanuphe et Jean de Gaza, *Correspondance*, P. de Angelis-Noah, F. Neyt, L. Regnault (SC 426) Paris 1997, (SC 427) 1998, (SC 450) 2000, (SC 451) 2001, (SC 468) 2002.
  나머지 서간들에 대해서는 참조: L. Regnault, *Barsanuphe et Jean de Gaza, Correspondance*, Solesmes 1972.

바실리우스 (대)『성령론』*De spiritus Sancto*
  Basile de Césarée, Sur le *Saint-Esprit* (SC 17 bis), ed. Et trad. B. Prusche, Paris 1968.

베네딕도 (누르시아의)『수도 규칙』
  A. de Vogüé – J. Neufville, La Règle de S. Benoît, (SC 181, 182, Paris 1972).
  우리말-라틴어 대역본: 성 베네딕도『수도 규칙』, 이형우 역주, 분도출판사, 2017.

아우구스티누스『서간집』(프로바에게 보낸 편지)
  Augustinus, *Briefe*, 130,10,20.

아타나시우스 (알렉산드리아의) 『선집 2』
Athanasius, *Ausgewählte Schriften* II (BKV), Kempten 1875.

――, 『시편 해설』
Expositiones In Psalmos, PG 27,60-545.

――, 『안토니우스의 생애』
Athanase d'Alexandrie: *Vie d'Antoine*. G.J.M. Bartelink (ed), (SC 400).

암브로시우스 『신비론』
Ambrosius, *De Mysteriis*, Übersetzung J. Schmitz (Fontes Christiani 3), Freiburg 1990.

에바그리우스 (폰투스의) 『그노스티코스』*Gnostikos*
Evagre le Pontique. *Le Gnostique ou A celui qui est devenu digne de la science*, ed. Et trad. A. et C. Guillamont, (SC 356), Paris 1989.
우리말 역본: 에바그리우스 폰티쿠스 『그노스티코스』 허성석 역주·해제, 분도출판사, 2019.

――, 『기도론』*De Oratione Tractatus*
J. M. Suarez, S. P. N. Nili Abbatis, *Tractatus seu Opuscula*, Rome 1673. De Oratione: p. 475-511. PG 79, 1165 A - 1200 C.
독일어 역본: PHILOKALIE, Bd. I., 287-309, 2. Auflage Beuroner Kunstverlag 2016.

――, 『덕행과 상반된 악습』
De vitiis quae opposita sunt virtutibus, PG 79, 1140 s.

──, 『동정녀를 위한 금언집』*Sententiae ad Virginem*

ed. H. Gressmann, *Nonnenspiegel und Mönchsspiegel des Evagrios Pontikos*, TU 39,3 (1913).

영어 역본: R. E. Sinkewicz, Evagrius of Pontus, T*he Greek Ascetic Corpus*, Oxford Early Christian Studies, Oxford University Press 2003. p. 131-135.

──, 『성찰』*Skemmata*

éd. J. Muyldermans, *Evagriana*, in *Le MUSÉON* 44, augmenté de: "Nouveaux fragments grecs inédits", Paris 1931, 38 s.

영어 역본: R. E. Sinkewicz, Evagrius of Pontus, *The Greek Ascetic Corpus*, Oxford Early Christian Studies, Oxford University Press 2003. p. 210-216.

──, 『수도승을 위한 금언집』*Sententiae ad Monachos*

ed. H. Gressmann, *Nonnenspiegel und Mönchsspiegel des Evagrios Pontikos*, TU 39,3 (1913), 143-165.

영어 역본: R. E. Sinkewicz, op. cit. 122-131.

독일어 역본: Worte an die Mönche – Worte an eine Jungfrau, eingeleitet und übersetzt von Wilfried Eisele mit einer Hinführung von Fidelis Ruppert – (Quellen der Spiritualität Band 6) – Vier-Türme-Verlag Münsterschwarzach, 2012.

──, 『시편 발췌 주해』*Scholia in Psalmos*

비판본을 준비하는 Mlle M.-J. Rondeau의 허락을 얻어 그녀가 Vaticanus graecus 754 사본에서 베낀 본문을 사용했다. 참조: M.-J. Rondeau의 "Le commentaire sur les Psaumes d'Evagre le Pontique", OCP 26 (1960), 307-348.

─── , 『악한 생각』*Kephalaia Gnostika*
　　ed. Et trad. P. Géhin, C. Guillamont, A. Guillaumont, Evagre le Pontique. Sur les Pensées, (SC 438), Paris 1998.

─── , 『안티레티코스』*Antirrhetikos*
　　ed. W. Frankenberg, *Evagrius Ponticus*, Berlin 1912, 472-545.
　　이탈리아어 역본: G. Bunge, V. Lazzeri, Evagrio Pontico, *Contro i penieri malvagi. Antirrhetikos*, Bose 2005.
　　독일어 역본: Die große Widerrede (Antirrhetikos), Leo Trunk 번역, Anselm Grün & Fidelis Ruppert 서문(Quellen der Spiritualität Band 1) Vier-Türme-Verlag Münsterschwarzach, 2010.
　　우리말 역본: 에바그리우스 폰티쿠스 『안티레티코스』 허성석 옮김, 분도출판사, 2014.

─── , 『에울로기우스에게 보낸 논고』*Tractatus ad Eulogium monachum*
　　Tractatus ad Eulogium monachum, PG 79, 1093D-1140A.
　　R. E. Sinkewicz, Evagrius of Pontus, *The Greek Ascetic Corpus*, Oxford Early Christian Studies, Oxford University Press 2003, p. 310-333.

─── , 『여덟 악령』*Tractatus de octo spiritibus malitiae*
　　Tractatus de octo spiritibus malitiae, PG 79, 1145 A - 1164 D.
　　독일어 역본: Coislin 사본 109에서 Übersetzung G. Bunge, Evagrios Pontikos. Über die acht Gedanken, Würzburg 1992, Weisungen der Väter 3, Beuron ^{1}2007, ^{2}2011, ^{3}2016.

─── , 『영지에 관한 문제들』*Kephalaia Gnostika*
　　ed. Et trad. A. Guillamont, *Le six Centuries des "Kephalaia Gnostica" d'Evagre le Pontique*, (PO 28), Paris 1958.

그리스어 단편: ed. J. Muyldermans, Evagriana, Extrait de la revue LE MUSÉON, t. XLIV, augmenté de: "Nouveaux fragments grecs inédits", Paris 1931; ed. J. Muyldermans, *A Travers la tradition manuscrite d'Evagre le Pontique*, in: Bibliothèque du MUSÉON 3 (1932); I. Hausherr, "Nouveaux fragments greces d'Evagre le Pontique", OCP 5 (1939), 229-233. Ch Furrer-Pilliod, OROI KAI UPOGRAFAI. *Collections alphabétiques de definitions profanes et sacrées*, ST 395 (2000).

―――, 『잠언 발췌 주해』*Scholia in Proverbia*
ed. Et trad. P. Géhin, Evagre le Pontique. *Scholies aux Proverbes*, (SC 340), Paris 1987.

―――, 『프락티코스』*Capita practica ad Anatolium*
ed. Et trad. A. et C. Guillaumont, Evagre le Pontique. *Traité pratique ou Le moine*, (SC 170-171), Paris 1971.
독일어 역본: G. Bunge, Evagrios Pontikos, *Praktikos* oder *Der Mönch*, Köln 1989. – Weisungen der Väter Band 6, Beuron ²2008, ³2011.
우리말 역본: 에바그리우스 폰티쿠스『프락티코스』허성석 역주 · 해제, 분도출판사, 2011.

―――, 『편지 62통』*Epistulae LXII*
ed. W. Frankenberg, *Evagrius Ponticus*, Berlin 1912 (Syriac).
독일어 역본: G. Bunge, Evagrios Pontikos. *Briefe aus der Wüste*, Trier 1986. Beuroner Kunstverlag, (Weisungen der Väter 18), 2. Auflage, Beuron 2013. Griechische Fragmente ed. C. Guillaumont, "Fragments grecs inédits d'Evagre le Pontique", TU 133 (1987), 209-221. P. Géhin, "Nouveaux fragments des lettres d'Evagre" *Revue d'Histoire des Textes* 24, 1994, 117-147.

에우세비우스 (카이사리아의) 『복음의 준비』*Praeparatio Evangelica*
  Die Praeparatio Evangelica, ed. K. Mras, GCS 43.1, Eusebius Werke VIII, Berlin 1954.

오리게네스 『기도론』*De Oratione*
  Des Origenes Schriften vom Gebet und Ermahnung zum Martyrium, Übersetzung P. Koetschau, BKV, Bd. 48, München 1926.

——, 『민수기 강해』
  In Numeros homiliae, ed. W.A. Baehrens, GCS 30, Origenes Werke 7, Leipzig 1921.

——, 『에제키엘서 선집』
  Selecta in Ezechielem, PG 13,800-801.

요셉 하자야 『세 단계에 관한 편지』*Brief der drei Stufen*
  Joseph Hazzaya, *Lettre sur les trois étapes de la vie spirituelle*, ed. Et trad. P. Harb, F. Graffin. PO 45, N° 202. Turnhout, 1992.
  G. Bunge의 독일어 역본: Rabban Jausep Hazzaya, *Briefe über das geistliche Leben und verwandte Schriften*, Trier 1982, 77-211.

요한 (다마스쿠스의) 『신앙 해설』
  De Fide Orthodoxa, Übersetzung H. Hand, (BKV), Kempten 1880.

요한 카시아누스 『담화집』*Conlationes*
  Jean Cassien, *Conférences*, ed. Trad. E. Pichery, (SC 42), Paris 1955, (SC 54), 1958, (SC 64) 1959.
  독일어 역본: Johannes Cassian, *Unterredungen mit den Vätern*, Colla-

tiones Patrum, übersetzt und erläutert von Gabriele Ziegler. Vier-Türme-Verlag Münsterschwarzach.

Collationes Patrum, Teil 1 Collationes 1-10. (Quellen der Spiritualität Band 5) 2011. Collationes Patrum, Teil 2 Collationes 11-17. (Quellen der Spiritualität Band 9) 2014. Collationes Patrum Teil 3 Collationes 18-24. (Quellen der Spiritualität Band 12) 2015.

우리말 역본: 요한 카시아누스 『담화집』 (제1-13담화), 진 토마스 역주, 허성석 해제, 분도출판사, 2022; 요한 카시아누스 『담화집』 (제14-24담화), 진 토마스 역주, 허성석 해제, 분도출판사, 2023.

──, 『공주 수도승 규정집』 *De institutis coenobiorum*

Jean Cassien, *Institutions Cénobitiques*, ed. Et trad. J.-G. Guy, (SC 109), Paris 1965.

요한 클리마쿠스 『천국의 사다리』

Johannes Klimakos, *Scala Paradisi*, (ed. Sophronios). PG 88,583-1248.

우리말 역본: 요한 클리마쿠스 『천국의 사다리』 허성석 번역·해제, 분도출판사, 2020.

위-유스티누스 『정통 신앙인에게 제기한 질문과 답변』

Pseudo-Justinus, *Questiones et responsiones ad orthodoxus*, Bibliothêkê Hellenôn Paterôn (BEIT), vol. 4, Athens 1955, 127f. PG 6, 1249-1400. 하르낙의 다소 자유로운 번역도 참조: A. von Harnack, *Diodor von Tarsus – Vier pseudo-justinische Schriften*, TU 21,4, Leipzig 1901, 60-160.

이사악 (니네베의) 『수덕 생활』

A. J. Wensinck, *Mystic Treatises by Isaac of Nineveh*. Amsterdam: De Akademie, 1923.

클레멘스 (알렉산드리아의) 『양탄자』*Stromata*

    Des Clemens von Alexandreia, *Teppiche*, Übersetzung O. Stählin, BKV², Bd. XVII bis XX, München 1936-1938.

키릴루스 (예루살렘의) 『교리교육』

    Cyrillus Hierosolymitanus, *Catecheses* (PG 33).

——, 『신비 교리교육』*Mystagogicae catecheses*

    Cyrill von Jerusalem, *Einweihung in die Mysterien des Christentums*, Übersetzung A. Winterswyl, Freiburg 1954.

테르툴리아누스 『기도론』*De Oratione*

    Tertullians private und katechetische Schriften, ed. Oehler, Übersetzung H. Kellner, BKV, Bd. 7, München 1912.

——, 『월계관』

    De corona, ed. A. Kroymann (CPL 21) in *CCSL* 2 (1954).

——, 『육의 부활』

    De Carnis Resurrectione (Tertullian's Treatise on the Resurrection) ed. and trans. Ernest Evans, London 1960.

팔라디우스 『라우수스에게 바친 수도승 이야기』

    Lausiac History of Palladius, ed. Cuthbert Butler, Cambridge 1904.
    우리말 역본: 헬레노폴리스의 팔라디우스 『라우수스에게 바친 수도승 이야기 외』 강선남 역주, 분도출판사, 2023.

——, 『에바그리우스의 생애』

Vita Evagrii coptice, Einleitung, Übersetzung und Kommentar von G. Bunge – A. de Vogüé, *Quatre ermites égyptiens d'après les fragments coptes de l'Histoire Lausiaque*, (*SO* 60), Bellefontaine 1994, 153-175.

호르시에시 「규정」
Horsiesios, "Réglements" in *Œuvres de S. Pachôme et de ses disciples*, ed. Lefort, Louvain 1956.

히폴리투스 『사도 전승』 *Traditio Apostolica*
B. Botte, *La Tradition apostolique de Saint Hippolyte*: Essai de reconstitution, Münster 1963.
우리말-라틴어 대역본: 히폴리투스『사도 전승』, 이형우 역주, 분도출판사, 1992.

2. 저자의 출판물: 일반

Rabban Jausep Hazzaya, Briefe über das geistliche Leben und verwandte Schriften. Ostsyrische Mystik des 8. Jahrhunderts, (SOPHIA Band 21), Trier 1982.

DER ANDERE PARAKLET, Die Ikone der Heiligen Dreifaltigkeit des Malermönchs Andrej Rubljow, Würzburg 1994. – Neuerscheinung 2018 im Beuroner Kunstverlag.

IRDENE GEFÄSSE, Die Praxis des persönlichen Gebetes nach der Überlieferung der heiligen Väter, Würzburg 2009, 2017 als 5. überarbeitete Auflage im Beuroner Kunstverlag.

AUF DEN SPUREN DER HEILIGEN VÄTER. (Weisungen der Väter 1), Beuron 2006, ³2009.

3. 저자의 출판물: 에바그리우스 관련

Evagre le Pontique et les deux Macaire, *Irénikon* 56 (1983), 215-227.323-360.

AKEDIA. Die geistliche Lehre des Evagrios Pontikos vom Überdruss. Köln 1983. Würzburg (Der Christliche Osten) 1995 (4. Auflage). 2009 (6. Auflage). 7. überarbeitete Auflage 2017 im Beuroner Kunstverlag.

Evagrios Pontikos. *Briefe aus der Wüste.* Trier 1986; 2. Durchgesehene und verbesserte Auflage Beuron (Weisungen der Väter Band 18) 2013.

ORIGENISMUS – GNOSTIZISMUS. Zum geistesgeschichtlichen Standort des Evagrios Pontikos. *Vigiliae Chrisitianae* 40 (1986), 24-54.

The "Spiritual Prayer": On the Trinitarian Mysticism of Evagrius of Pontus, *MONASTIC STUDIES* 17 (1986), 191-208.

DAS GEISTGEBET. Studien zu Traktat DE ORATIONE des Evagrios Pontikos, (Koinonia – Oriens XXV), Köln 1987.

GEISTLICHE VATERSCHAFT. Christliche Gnosis bei Evagrios Pontikos. Regensburg 1988; 2. Auflage (EREMOS 1) LIT Verlag Münster, 2010.

Priez sans cesse. Aux origenes de la prière hésychaste, *STUDIA MONASTICA* 30 (1988), 7-16.

Evagrios Pontikos. PRAKTIKOS oder DER MÖNCH. Hundert Kapitel über das geistliche Leben. (Koinoia – Oriens XXXII), Köln 1989. – (Weisungen der Väter 6) Beuron ²2008, ³2011.

Hénade ou Monade? Au sujet de deux notions centrales de la terminologie évagrienne, *LE MUSÉON* 102 (1989), 69-91.

MYSTERIUM UNITATIS. Der Gedanke der Einheit von Schöpfer und Geschöpf in der evagrianischen Mystik, *Freiburger Zeitschrift für Philosophie und Theologie* 36 (1989), 449-469.

Nach dem Intellekt leben. Zum sog. Intellektualismus der evagrianischen Spiritualität, SIMANDRON – DER WACH-KLOPFER. Gedenkschrift für Klaus Gamber, hg. von W. Nyssen, Köln 1989, 95-109.

PALLADIANA I. Introduction aux fregments coptes de l'Histoire Lausiaque, *STUDIA MONASTICA* 32 (1990), 79-129, (S. 81ff: Evagre et ses anis dans l'Histoire Lausiaque).

Mit A. de Vogüé: PALLADIANA III. La version copte de l'Histoire Laudiaque. II. La Vie d'Evagre, *STUDIA MONASTICA* 33 (1991), 7-21.

[Diese Studien sind zusammengefasst auch als Buch erschienen: G. Bunge – A. de Vogüé, QUTRE ERMITES EGYPTIENS D'après les fragments coptes de l'Histoire Lausiaque, (*Spiritualitè Orientale* 69), Bellefontaine

1994].

Evagrios Pontikos. *Über die acht Gedanken*. Würzburg 1992. – Beuron ²2007, ³2011, ⁴2016 (Weisungen der Väter 3).

Der mystische Sinn der Schrift. Anlässlich der Veröffentlichung der Scholien zum Ecclesiasten des Evagrios Pontikos, STUDIA MONASTICA 36 (1994), 135-146. Evagrios Pontikos, hl., Artikel in: LThK, 3. Auflage, Bd. 3 (1995), col. 1027-1028.

Evagrio Pontico. *Lettere dal deserto*. Introduzione e note a cura di Gabriel Bunge, traduzione dal greco e dal siriaco a cura di Salvatore Di Meglio e Gabriel Bunge, Magnano (Bose) 1995.

Praktike, Physike und Theologike als Stufen der Erkenntnis bei Evagrios Pontikos. AB ORIENTE ET OCCIDENTE. Gedenkschrift für Wilhelm Nyssen, hg. von M. Schneider und W. Berschin, St. Ottilien 1996, 59-72.

Créé pour être. A propos d'une citation scriptuare inaperceu dans le „Peri Archon d'Origène (III, 5,6), *BULLETIN DE LITTÉRATURE ECCLÉSIASTIQUE* 98 (1997) 21-29.

Evagrios Pontikos: Der Prolog des ANTIRRHETIKOS, STUDIA MONASTICA 39 (1997), 77-105.

DRACHENWEIN UND ENGELSBROT. Die Lehre des Evagrios Pontikos von Zorn und Sanftmut. Würzburg 1999. – Erscheint im Beuroner Kunstverlag 2018.

Erschaffen und erneuert nach dem Bilde Gottes. Zu den biblisch-theologischen und sakramentalen Grundlagen der evagrianischen Mystik, HOMO MEDIETAS. Festschrift Alois Maria Haas, Bern usw. 1999, 27-41.

Aktive und kontemplative Weise des Betens im Traktat DE ORATIONE des Evagrios Pontikos, *STUDIA MONASTICA* 41 (1999), 211-227.

La Montagne intelligible. De la contemplation indirecta à la connaissance immediate de Dieu dans le traité DE ORATIONE d'Evagre le Pontique, *STUDIA MONASTICA* 42 (2000), 7-26.

La ΓΝΩΣΙΣ ΧΡΙΣΤΟΥ di Evagrio Pontico, in: L'EPISTULA FIDEI di Evagrio Pontico, Temi, contesti, sviluppi. Atti del III Convegno del Gruppo Italiano di Ricerca su Origene e la Traditione Alessandrina (16.-19. settembre 1998), Studia *Ephemeridis Augustinianum* 72 (2000), 153-181.

EVAGRIANO PONTICO. Contro I pensieri malvagi. Antirrhetikos. Introduzione di Gabriel Bunge, Traduzione di Valerio Lazzeri, Magnano (Bose) 2005.

L'Esprit compatissant. L'Esprit-Saint, Maître de la prière veritable dans la spiritualité d'Evagre le Pontique, Buisson Ardent 13 (2007), 106-112.